奈良 大和路 茶の湯逍遥《しょうよう》

神津朝夫

淡交社

目次

平城宮跡　第一次大極殿（復原、奈良市佐紀町）［右］
今西家書院（奈良市福智院町）［中］
依水園 後園（奈良市水門町）［左］

はじめに

藤原京から平城京への遷都が行われたのは和銅三年（七一〇）三月のことだったから、今からもう一三〇〇年以上も昔のことになる。

奈良が都だったのはわずか数十年間とはいえ、京都に都が移ったのちも奈良は「南都」とよばれていた。そして大和国（現在の奈良県）を実質的に支配し、比叡山延暦寺と並んで「南都北嶺」と併称された興福寺は、宗教的にも、大荘園と武力を有する世俗勢力としても、中世を通じて大きな文化的・政治的影響力を持ち続けた。そのため、奈良は古代だけのイメージではとらえきれない文化的伝統を、中世に築きあげたのである。

茶をめぐる文化もその一部といえる。奈良には鎌倉時代から茶園があって、その茶が鎌倉へも運ばれていた。室町時代になると寺院では茶を飲み較べて産地を当てる賭け事である茶勝負（闘茶）が行われ、猿沢池のほとりの茶屋では人々が金を払って茶を飲むようになっていた。

そして、茶の湯を創始したとされる珠光《しゅこう》は奈良の人であったが、この珠光を千利休は特別に称揚した。「珠光は名人であるということが、利休以前はあまり知られていませんでした。利休によって珠光の名が一段と有名になったのです」と古田織部は語っている。実際、利休は若い時から珠光旧蔵の珠光茶碗を愛蔵し、珠光の表具を直すよう芝山監物《しばやまけんもつ》から頼まれた時には「よい物を悪くするのは御断りです。そもそも珠光がしたものは決して変えてはいけません」と怒った。また、細川三斎は「数寄《すき》（茶の湯のこと）の根源は奈良です。珠光が出たからです」と言い、小堀遠州は珠光の『古《ふる》市播磨《いちはりま》法師宛一紙《いっし》』を読んで「ここに茶の湯の極意が書かれています」と感心している（以上『茶道四祖伝書』を現代語訳）。

　珠光が茶の湯をはじめた背景には、喫茶文化の先進地であった奈良の存在があったとみてよいだろう。そして珠光の茶は豪族の古市播磨 澄胤《ちょういん》、東大寺転害門《てがいもん》近くに住んだ豪商の松屋などに広がり、奈良は京都・堺より早く、最初に茶の湯が盛んになっていた。

　その後も、利休や織部はしばしば奈良を訪れ、遠州は父が羽柴秀長に仕えていたため少年時代を大和郡山で過ごした。そして大和小泉藩藩主の片桐石州《かたぎりせきしゅう》は、武家茶道である石州流の祖となった。大和・奈良と茶の文化との関わりは、どこよりも深くて長いものだったといえる。

　そのような奈良へ、茶の歴史をめぐる旅に出てみよう。

奈良市域参考地図

奈良市内　主要部

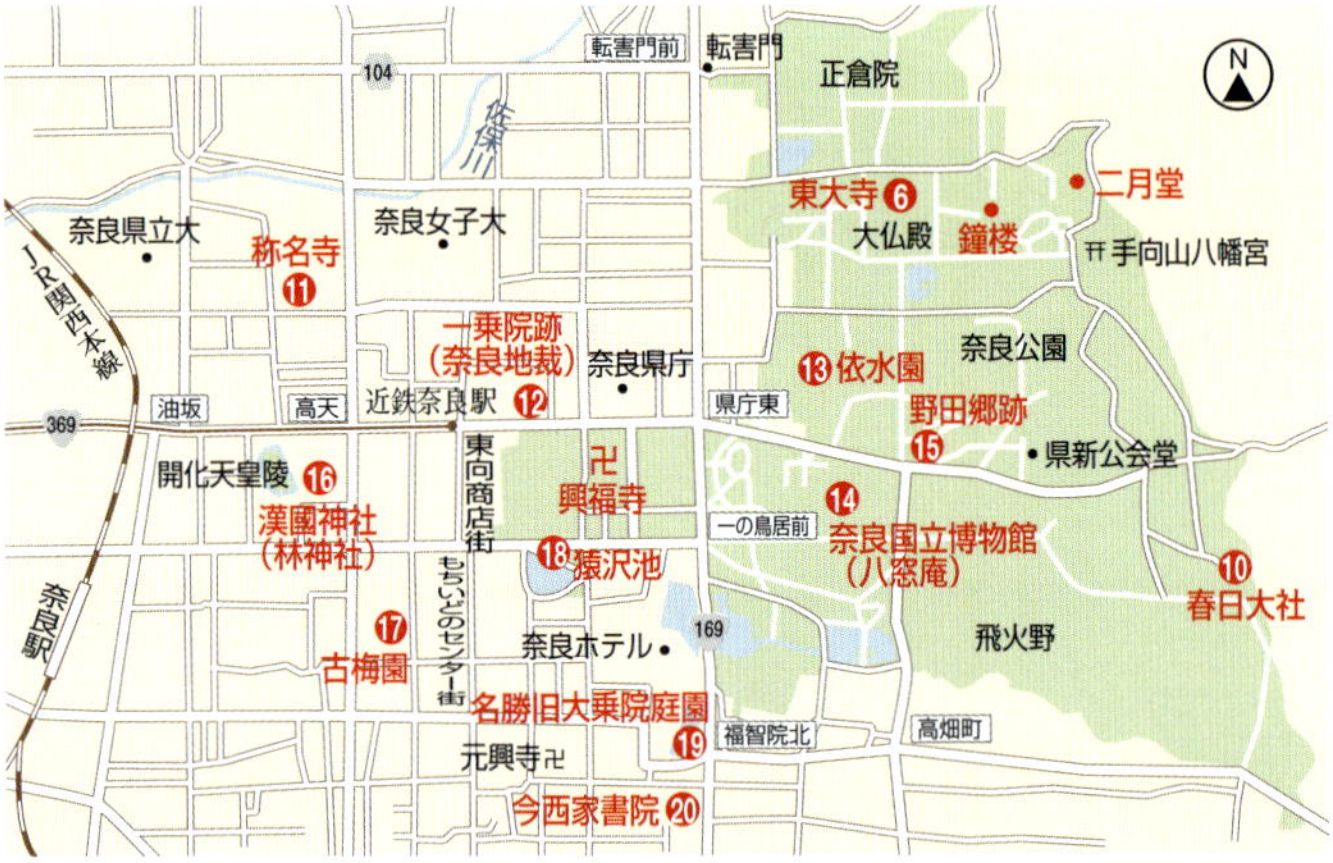

❶ 西大寺（P28）
❷ 平城宮跡資料館（P16）
❸ 長屋王邸跡
〔イトーヨーカドー〕（P17）
❹ 興福院（P83）
❺ 多聞城跡〔若草中学校〕（P54）
❻ 東大寺（P22）
❼ 奈良パークホテル（P17）
❽ 田道間守墓（P20）
❾ 唐招提寺（P11）
❿ 春日大社（P80）
⓫ 称名寺（P40）
⓬ 一乗院跡
〔奈良地裁〕（P10,35）
⓭ 依水園（P105）
⓮ 八窓庵
〔奈良国立博物館内〕（P37）
⓯ 野田郷跡（P82）
⓰ 林神社〔漢國神社〕（P20）
⓱ 古梅園（P48）
⓲ 猿沢池・興福寺南大門跡（P37）
⓳ 名勝旧大乗院庭園（P37）
⓴ 今西家書院（P38）

奈良県域参考地図

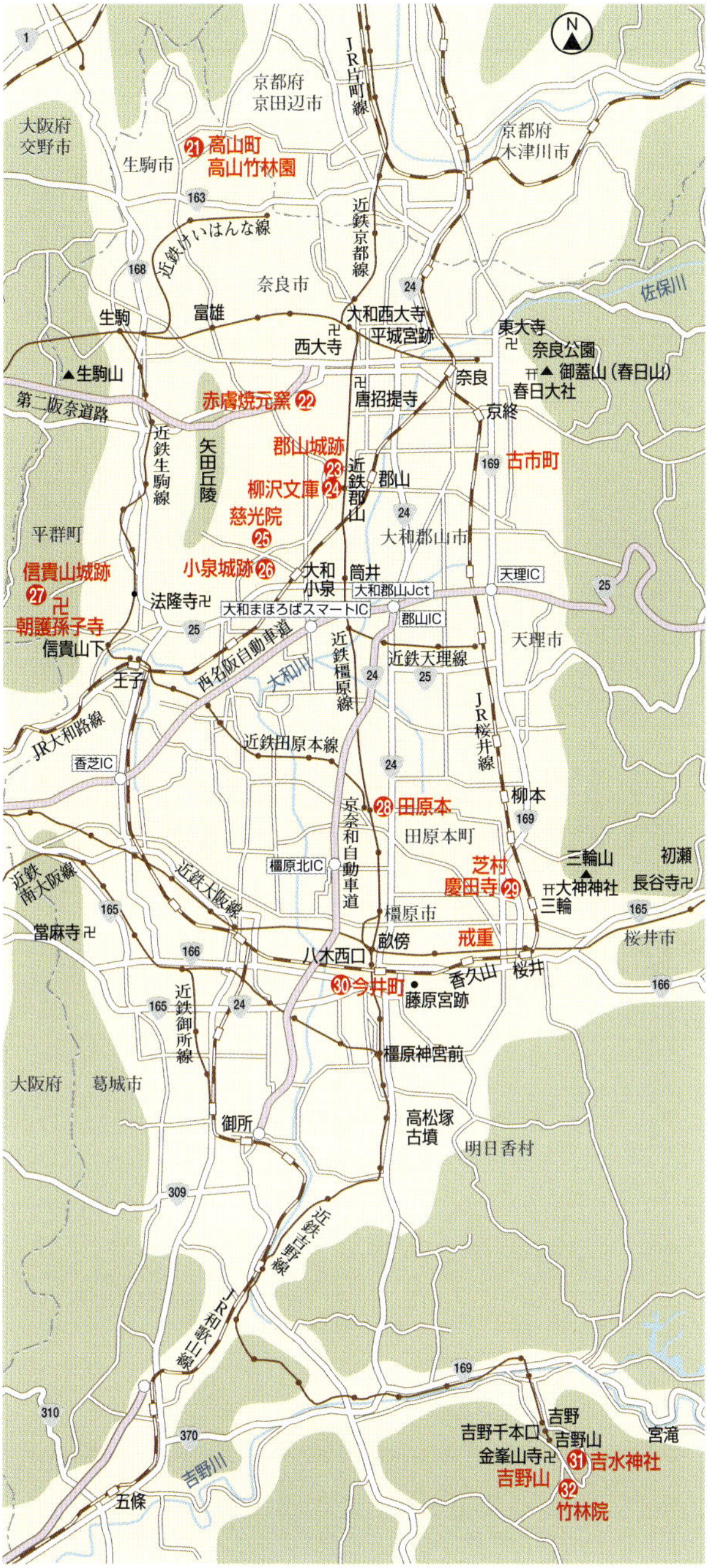

㉑ 高山町・高山竹林園（P102）
㉒ 赤膚焼元窯（P87）
㉓ 郡山城跡（P66）
㉔ 柳沢文庫（P86）
㉕ 慈光院（P95）
㉖ 小泉城跡（P96）
㉗ 信貴山城跡（P57）
㉘ 田原本（P89）
㉙ 慶田寺（P89）
㉚ 今井町・今井まちなみ交流センター「華甍」（P60）
㉛ 吉水神社（P73）
㉜ 竹林院庭園群芳園（P77）

茶の湯以前の奈良と茶

奈良〜鎌倉時代

平城京と茶

唐の喫茶文化は日本へ伝来したか

平城宮跡・唐招提寺

国のまほろば

倭《やまと》は国のまほろば　たたなづく青垣　山隠《やまごも》れる倭しうるわし

日本古代の英雄ヤマトタケルの「国偲《しの》び歌」である。「大和国は国々の中でももっともよい国だ。重なり合った青い垣根の山、その山々の中にこもっている大和は、美しい国だ」（荻原浅男氏の現代語訳）という。奈良盆地の風光をよくとらえた名歌といってよいだろう。

その奈良盆地南端の飛鳥地域に成立した大和朝廷は、持統天皇八年（六九四）に少し北上して最初の都城である藤原京を造営し、そしてさらに和銅三年（七一〇）には盆地の北方に新たな都城、平城京を造営して遷都した。奈良時代（七一〇〜七九四）の開幕であった。**平城宮跡**（6頁②）には今その大極殿と朱雀門が復原されている。

奈良時代の喫茶

奈良時代は、ちょうど唐で陸羽《りくう》が世界最初の茶の百科事典といわれる『茶経』を書いた時代にあたる。

その『茶経』の説明によれば、当時の中国の茶は、摘んだ茶葉を蒸してから臼で搗《つ》き、円盤状の型に入れて乾かし、穴をあけて保存したものだった。円盤状なのでこれを餅茶《へいちゃ》と呼ぶ。この餅茶を飲むときは、香りをよくするためまず焙《あぶ》り、薬研《やげん》のような茶碾子《ちゃてんし》で粉にした。それを少し塩を加えた釜の湯に投じて煮立たせ、汲んで飲むという。この時代、一般的にはミカン類の皮である陳皮《ちんぴ》、生姜《しょうが》など多くの香辛料が茶には加えられた。今のレモンティー、ジンジャーティーの元祖といえるが、陸羽はそれは茶の味を損なうと批判している。

さて、このような中国の喫茶の習慣はいつ日本に伝わったのだろうか。

奈良時代の日本が遣唐使を送り、唐の文化や学術・技術を熱心に日本に導入していたことはよく知られている。少なくともこの時代に唐へ渡った留学生・留学僧らは中国で茶を飲む機会があったはずだが、残念ながら奈良時代の日本で茶を飲用したという記録は見あたらない。しかし、茶が奈良時代末期には日本にも伝来していた可能性は十分あるだろう。

緑釉陶器の風炉釜

奈良時代の茶の存在について、近年になって新たに考古学的な視点からの興味深い指摘がされるようになった。八世紀の末頃に青磁を模して作られた、当時の日本では最高級の緑釉陶器である火舎《かしゃ》（香炉の類）と釜、茶碗があるが、これが喫茶用具ではないかと指摘されたのである。当初は用途がわからず火舎とされたが、横面に開けられたスリット状の窓は、確かに陸羽が「風炉」と名づけたものの特徴であった。

その釜が、奈良**興福寺**一乗院跡（35頁参照、6頁⑫）からも発掘されている。興福寺一乗院の創建は平安時代の九七〇年頃だが、その遺構より下層にあった、奈良時代末期頃に廃棄物を捨てた土坑から、奈良三彩の皿などと共に発掘されたのである。また、そうした緑釉陶器のモデルになった中国越州窯産の青磁茶碗（陸羽が『茶経』の中で茶碗の第一に挙げているもの）や托《たく》（茶托）、水注なども八世紀末から各地で出土しており、日本への茶の伝来が少なくとも八世紀末まではさかのぼる可能性が、あらためて浮かび上がってきた。

仏前具（重文　興福寺一乗院下層出土　奈良文化財研究所蔵）［右］
緑釉火舎・釜（山城国府跡出土　大山崎町歴史資料館蔵）［左］

鑑真と唐招提寺

奈良時代に日本へ来た中国の高僧といえば、まず日本に戒律を伝えた鑑真和上《がんじんわじょう》の名が浮かぶ。

奈良西の京にある**唐招提寺**は鑑真が創建した寺だが、その金堂の、創建以来はじめての解体修理がはじまったのは、平成十二年（二〇〇〇）のことだった。完全に解体し、再び組み立てるのに約十年かかると聞いたときはずいぶんと先のことのように思えたが、平成二十一年十一月には落慶法要が行われた。歳月の流れは速いものだ。落慶法要では鴟尾《しび》を覆う布から伸びる五色の紐を参列者の一人として握り、その除幕に加わらせていただくこともできて感激した。

なお、鑑真の半生を描いた井上靖の小説『天平の甍《いらか》』の題名は、唐招提寺金堂屋根の鴟尾から付けられていた。その鴟尾も新調されて、

平成 21 年 11 月に行われた落慶法要時の唐招提寺 金堂（国宝　奈良時代）

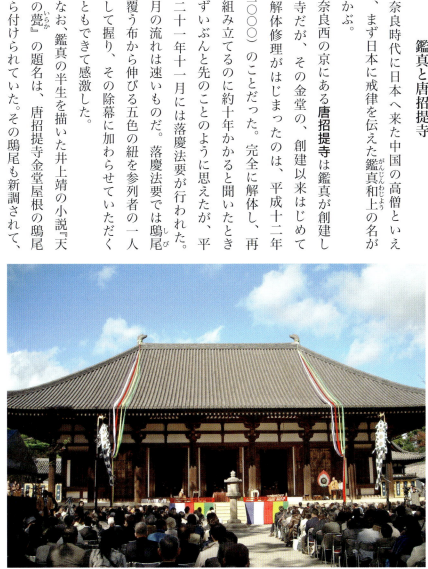

従来のものは寺内の新宝蔵で展示されるようになった。特に西側にあったそれは、創建以来千二百有余年の風雨に耐えてきたものである。

鑑真は唐の揚州江陽県（現在の江蘇省揚州市付近）に生まれ、十四歳で出家。二十歳から七年間は洛陽・長安（現在の西安）で学び、帰郷して揚州の大明寺《だいめいじ》に住していた。名声はきわめて高く、多くの弟子がいた。こうした伝承には誇張がつきものだが、安藤更生氏による中国史料の詳細な研究によって、事実であったことが確認されている。

鑑真は茶を飲んでいたか

西暦でいうと六八八年に生まれた鑑真は、六回目でついに渡航に成功する六十六歳の七五三年まで、主として揚子江河口に近く、交易で栄えていた揚州で暮らしていたことになる。一方、七六一年頃に『茶経』を書いた陸羽が住んでいたのは、揚州の南一五〇キロほどの浙江省湖州であった。八世紀半ばにはこの一帯でもすでに茶が広く栽培され、飲まれていたので、鑑真も中国では茶を飲んでいただろう。

鑑真は来日にさいして多くの経典・仏像・仏舎利だけでなく、香木や薬品を将来している。しかし、鑑真が茶を将来したかはわからない。失敗した第二回の渡航時に船積みされていた品物が『唐大和上東征伝《とうだいわじようとうせいでん》』に列挙されているが、その中に蔗糖《しよとう》がある。今ならブドウ糖のような体力回復用の薬品としてであった。そのため、鑑真は日本への砂糖の将来者とされており、もしそこに茶も載せられていれば、鑑真が日本への茶

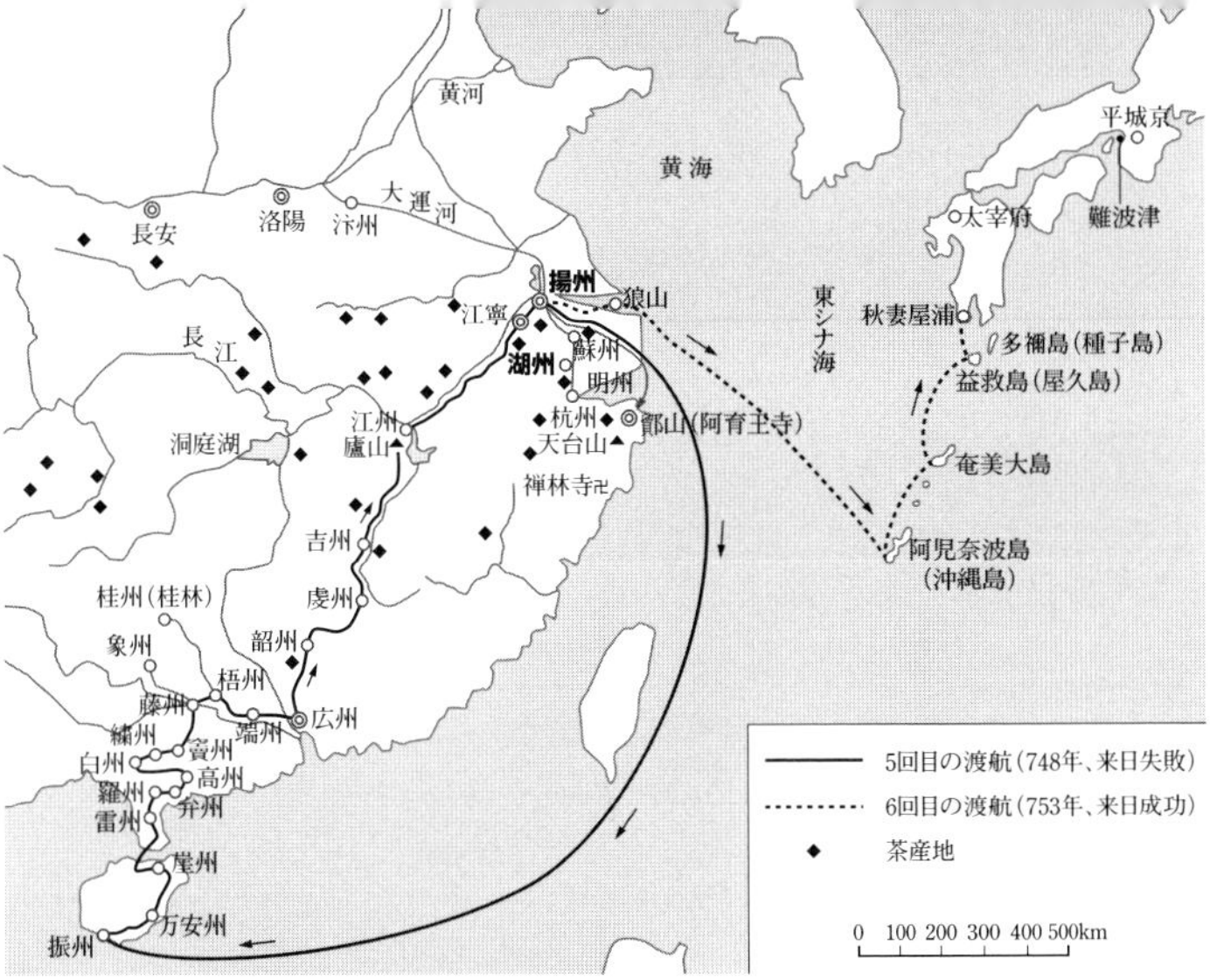

『茶経』に書かれる唐代の茶産地と鑑真の渡航
(参考文献：布目潮渢『中国喫茶文化史』)

の将来者とされたに違いない。

あるいは茶は私的な嗜好品だったので特に書きとめられず、自分たちで飲んでしまったのではないかとか、茶に塩を入れた陸羽とは違って、鑑真は砂糖を入れて飲んだかもしれないとか空想はするのだが、もちろん証拠はない。ただ、鑑真は唐招提寺の寺地選定のさい、土をなめて「甘し」といって喜び、それが唐招提寺に隣接する尼ヶ辻（甘壌《つち》）の地名になったという伝承がある。戒律を堅く守り酒を飲まなかった鑑真は、茶好きの甘党だったかもしれないからという仮説である。

唐招提寺
■奈良市五条町13-46
■0742 (33) 7900
■拝観料：600円
■近鉄西ノ京駅から北へ
徒歩約10分
■Map：P6⑨

奈良時代の料理と菓子

和食と和菓子のルーツ

長屋王邸跡

食文化も奈良から

　茶会というと、現代では広間で菓子と薄茶一服をいただく大寄せ茶会をイメージする人が多いだろう。しかし、千利休をはじめとする茶人たちが狭い茶室で何をしていたのかといえば、今の用語でいえば「茶事」をしていたのであった。つまり、亭主は茶を点《た》てて出すだけでなく、それに先だって客に料理をふるまっていた。茶会で出される料理を現在は懐石料理とよぶが、そのルーツとして、客にふるまう料理の歴史があったことになる。

　平安時代の公家《くげ》の宴会については、絵画や参加した公家の日記が残っていて、ある程度具体的にその様子がわかっている。そのため懐石料理の歴史を論じた本でも、そこまでさかのぼって書かれることが多い。しかし、そうした平安貴族の食文化は、実は奈良時代にすでに形成されたものであった。

　『日本書紀』によれば五一三年に百済から五経博士が渡来しているが、五経の一つ『礼記《らいき》』には食事のさいの料理の並べ方、酒の注ぎ方・飲み方なども書かれている。

黒漆塗の食器に盛られた奈良時代の皇族・貴族の食事（平城宮跡資料館の展示。料理復元　奥村彪生）

①荷葉飯…蓮の実入りごはんを蓮の葉で包んだもの
②菓子…干し柿、草もち、煮小豆
③茄子瓜入醤…塩漬けのなすと瓜を醤（醤油に似た液体調味料）の絞り滓につけたもの
④水すすほり…塩水に漬けて発酵させた漬物（水キムチ）
⑤蘇…牛乳を加熱濃縮した乳製品
⑥焼あわび…焼いてそぎ切りにしたアワビ、はらわた・わかめ添え
⑦野菜茹・堅魚煎汁…焼いた塩漬の竹の子、塩ふふき、塩菜の花（とうな）
⑧焼海老…クルマエビの塩焼き
⑨熬海鼠…ゆでて干したナマコを戻したもの、たたきとろろ・わさび添え
⑩干タコ…焼いてから干したタコ
⑪生カキ…殻からはずして洗った生カキ、刻みネギ、醤酢
⑫鹿ひしお…鹿の細切り肉の糀入り塩辛
⑬鮮鮭鱠…生鮭、大根、のり
⑭飯…蓮の実入りごはん
⑮酢
⑯塩
⑰鴨羹…鴨と芹の汁

長屋王の食卓（料理復元　奥村彪生）

日本はそれを学び、推古八年（六〇〇）以後中国の隋・唐に派遣された遣隋使・遣唐使は、中国の作法をよく心得ていたことだろう。また、日本国内でも大宝元年（七〇一）の『大宝律令』までに、酒・酢・醤《ひしお》などを作って王族の食事に供するようになっていたことがわかる。もう平安時代と同じになっていた。

黒漆塗の貴族の日常食器

奈良時代の食器として、『法隆寺資財帳』と『大安寺資財帳』の両方に載る養老六年（七二二）十二月の元明上皇一周忌に元正天皇が奉献した「白銅供養具」がある。それは白銅鉢一（径二七センチ・深さ一二センチ）、白銅多羅二（径二四センチ・深さ三センチ）、白銅碗七（内訳は径一九センチ・深さ六センチが二、径一六センチ・深さ六センチが四、径一五センチ・深さ五センチが一）、匙一（長さ二三センチ）、箸一（長さ二四・五センチ）、の十二品が一組になったもので、法隆寺には二十四組、大安寺には二十組が奉献されていた。これが当時の貴族が宴会で使用した食器のセットだったことになる。箸だけでなく匙もセットにすることは、日本では平安時代まで続き、韓国では今も続いている。

卓上への食器の並べ方や料理の出し方、それを食べる食事作法がすでに確立していたこと、それが平安時代に引き継がれたことが推測される。

また、**平城宮跡**（6頁②）からは黒漆塗の食器も見つかっており、貴族の日常用の食器だったと推定されている。今の茶事と同じような食器がもう使われていたことに驚かされる。写真を紹介した長屋王《ながやおう》の食卓復元では、そのため黒漆塗の木製食器が使われていることにも注目されたい。

豪華だった長屋王の食卓

しかも、その料理の質もきわめて高いものだった。奈良時代中期の**長屋王邸跡**（現イトーヨーカドー敷地、6頁③）などから発掘された荷札木簡に書かれた食材・食品名から、奈良時代の貴族の食生活が、想像を超える豪華さであったこともわかってきた。

たとえば、最近ユネスコの無形文化遺産に登録された「和食」は、その特徴としてだしを使うことをうたっているが、鰹だしの原形である堅魚煎汁《かつおいろり》が須恵器《すえき》の容器に入れられて、都まで大量に運ばれていたので、その味も案外よかったらしい。和食の原形は、すでに奈良時代に形成されていたのであった。

しかも養殖でない天然の魚、無農薬・露地栽培の野菜である。食文化研究家の奥村彪生《あやお》氏が復元した「長屋王の食卓」を見ると、こんな食事は現代のわれわれでも食べられない、と驚いてしまう。

なお、奈良市宝来の**奈良パークホテル**では、これも奥村氏ら専門家の協力によって多少現代風にアレンジされ

堅魚煎汁を入れて運んだ須恵器
（平城宮跡出土　奈良文化財研究所蔵）

た「宮廷料理　天平の宴」を味わうことができる。専用の天平風の部屋が用意され、調理スタッフによる解説もあるので、関心のある方にはお薦めしたい。

最初の菓子は「橘」

一方、菓子の歴史も当然ながら奈良時代以前までさかのぼることができる。

「菓子」は古代には「果子」と書かれた。本来は樹になり核をもつ木の実のことで、中国では桃・李・杏・栗・棗を五果という。日本でのその初出は、奈良時代の歴史を記す『続日本紀』天平八年（七三六）十一月十一日（丙戌）条である。皇族の葛城《かつらぎ》王・佐為《さい》王の兄弟が臣籍に下りたいと聖武天皇に提出した上表文の中に出るもので、兄弟の生母である県犬養《あがたいぬかい》三千代（美努《みぬ》王妃・藤原不比等《ふひと》後妻、光明皇后母）が和銅元年（七〇八）十一月に元明天皇より酒杯に浮かべた橘《たちばな》を賜り、「橘は果子の中でも最高のもので人の好むものである。……金銀に交じってもそれに劣らず美しい。このような橘にちなみ、汝に姓として橘宿祢《すくね》を与えよう」と言われた、とある。

それによって三千代は橘姓を賜ったが、三千代の子たちは「王」であったため、橘の姓を継ぐ人

ヤマトタチバナ（写真：タチバナデザイン提供）

はいなかった。そこでこの兄弟の王たちは臣籍に下ることで橘姓を名乗ることにしたいと聖武天皇に申し出た。それを許されて葛城王は橘諸兄《もろえ》となり、その後の政治史に名を残す存在となったのである。

　今は茶と切り離せない菓子だが、この時代にはまだ茶はなく、菓子は茶とは無関係のものだったことになる。しかも、元明天皇は菓子である橘を酒杯に浮かべている。酒に柑橘系の果物を搾って入れたり、スライスして浮かべることは今もあるが、ずいぶん洒落た酒の飲み方をしていたと驚く。これが日本の記録に最初に書かれた菓子の記事であった。

　なお、タチバナ自体はこれよりも早く、『古事記』『日本書紀』の垂仁天皇の記事に出てくる。田道間守《たじまもり》が常世国《とこよのくに》から持ち帰った「時じくの香《かぐ》の木の実」が橘であるという、よく知られた話である。ここには「菓子」という言葉は出

田道間守の墓（垂仁天皇陵〔宝来山古墳〕内）

てないのだが、この話のため田道間守は菓祖神とされ、垂仁天皇陵周濠中に浮かぶ**田道間守の墓**が祀られることになった。もっとも、この小島は明治時代の天皇陵整備によって濠の中に出現したものだから、菓祖神というのもそれ以後の話らしい。

煎餅と饅頭も奈良から

奈良時代に中国から穀粉（米粉か小麦粉）に水を加えて捏《こ》ねて各種に造形し、ゴマ油で揚げた「唐菓子《からくだもの》」が伝わった。それに飴をつけて食べたとされる。ただし、唐菓子という名は平安時代になってからで、奈良時代には糫餅《まがり》・煎餅《せんべい》などと個別の名称でよばれるだけだった。

漢國神社鎮華三枝祭の唐菓子（6月17日）

今でもその名が残る煎餅は、日本の駄菓子の代表ともいえるくらいポピュラーなものだが、そのルーツをたどっていくとこの奈良時代に伝来した唐菓子にたどりつく。意外なことだが、煎餅（特に揚《あげ》煎餅）は数ある日本の菓子の中で、もっとも由緒正しく、もっとも伝統ある菓子といえそうだ。

また、饅頭は鎌倉時代初期に中国人の林浄因が日本に伝えたと伝承され、浄因は奈良に住んで奈良饅頭を作った。饅頭の神様として昭和二十四年に**林《りん》神社**（奈良市漢國町、漢國神社境内）に祀られ、命日の四月十九日には饅頭祭が行われている。林家の分家は

石製の重ね餅一対が供えられた林神社（奈良市漢國神社内）

京都で塩瀬《しおぜ》姓を名乗り、塩瀬饅頭として有名になった。明治になってからは東京に移り、現在も塩瀬総本家として饅頭を作り続けている。

奈良は菓子発祥の地であり、多くの菓子のふるさとであり、さらには菓子の神々が祀られる地でもあった。

平城宮跡資料館
■奈良市佐紀町
■0742-30-6753（奈良文化財研究所）
■9:00～16:30（入館は16時まで）　月曜日（月曜日が祝日の場合はその翌日）、年末年始休館
■拝観料：無料
■近鉄大和西大寺駅から、東に向かい、二条町交差点を南へ徒歩約10分　■Map：P6②

奈良パークホテル
■奈良市宝来4丁目18-1　■0742-44-5255
■近鉄奈良駅・JR奈良駅からホテル専用バスあり（要予約）　■Map：P6⑦
※宮廷料理「天平の宴」12,420円（1名につき、2名以上、要予約）

田道間守墓（垂仁天皇陵〔宝来山古墳〕）
■奈良市尼ケ辻町西池
■近鉄尼ケ辻駅から西へ徒歩約5分　■Map：P6⑧

林神社（漢國神社内）
■奈良市漢國町2　■0742-22-0612
■近鉄奈良駅から西へ徒歩約5分　■Map：P6⑯

東大寺と栄西

「お水取り」で練行衆が食べる茶粥

東大寺

修二会と茶

奈良などの古い寺院では、毎年正月に修正会《しゅしょうえ》、二月に修二会《しゅにえ》と呼ばれる法会が行われることがある。どちらも年頭に国家の一年間の安穏泰平を祈る法会であり、古代には各寺院でさかんに行われていた。

室町時代には中央の権力が衰えたため、多くの寺で廃絶したが、天平勝宝四年（七五二）からすでに一二六〇回以上、一度も休むことなく修二会を続けてきたのが**東大寺**である。国家鎮護の寺としての自負があるのだろう。今は新暦で三月一日から十四日間、連日連夜六時の行法（日中・日没・初夜・半夜・後夜・晨朝）が行われ、「お水取り」の名で知られている。ただし「お水取り」とは、正しくは十二日の深夜（十三日未明）に、二月堂の下にある若狭井で練行衆《れんぎょうしゅう》が仏前に供える閼伽水《あかみず》を汲む行法の名である。なぜそのような時刻に汲むかというと、寅の刻（午前三時頃）の水がもっとも清冷な井《せい》華水《かすい》とされたからで、茶の湯でも釜の水はその時間に汲むのがよいとされていた。

修二会の行中に大導師が奉加金品の献納者を読み上げる『加供帳《かくちょう》』があるが、冒頭

東大寺二月堂修二会のお水取り
閼伽井屋の若狭井から香水を運ぶ
（3月12日深夜）

に「内閣総理大臣某々殿、御加供勤仕せしめたまう所也、天下泰平に保たしめたまえと」とあり、はじめて聴聞したときは驚いた。一瞬俗世に引き戻された感があったが、それこそが国家鎮護の修二会なのである。『加供帳』の終わりの方には「毎年煎茶ならびに抹茶奉納せる宇治茶湯講、毎年茶筅奉納せる高山無足人の座」もある。現代の修二会では茶も使われるので、茶や茶筅も奉納されているらしい。

といっても、行法の中ではなく練行衆の宿所での一服や来客の接待に使われるのだが、それ以外にもう一つ、番茶が興味深い使われ方をする。徹夜の行をつとめて宿所へ下りた練行衆へ、夜食としてゴボと称する茶ないし茶粥が出されるのである。

ゴボとゲチャ

長年それを作り続けてきた東大寺の野村輝男氏が、実際と同じようにゴボを調製するのを見学し、それをいただいたことがある。布袋に番茶を入れて十時間も煎じた茶に、生米を入れて強火で炊き上げたものである。柔らかくなった飯をすくい上げるが、これをゲチャという。残った重湯《おもゆ》のような茶粥がゴボで、少し塩を入れて飲む。栄養価が高く、これだけを飲む練行衆もいるという。ゴボをゲチャにかけて食べるとふつうの茶粥のようになる。どちらも意外なほどおいしかった。

煎じ茶に塩を入れることは唐時代の『茶経』と同じ飲み方だし、湯を多く炊いて飯を引き上げるゲチャの製法も、本来は湯取り法という古代アジア的な炊飯法であることはたいへん興味深い。

奈良には朝食に茶粥を食べる伝統があるが、こうした寺院食が起源である可能性が高いだろう。練行衆にとってゴボは夜食だが、行に参加していない一般の僧にとっては朝食だったはずだからだ。実際、修二会では早朝に本尊へ粥を供える「粥食呪《じゅくじきじゅ》願《がん》」が行われる。

朝食を粥とする習慣は中国に起源があり、真言宗の高野山でも曹洞宗の永平寺でも、修行僧の朝食は今でも白粥である。東大寺でも僧侶が僧坊で集団生活していた古代には大量の白粥が作られていたはずで、茶粥はそこから派生したものだろう。

ゴボをゲチャにかけたもの

栄西と東大寺の再建

日本に臨済宗を伝え、『喫茶養生記』を書いた天台僧の栄西《ようさい》は、実は東大寺とも縁の深い人物であった。永治元年（一一四一）四月二十日、備中国吉備津宮（岡山市吉備津）の神職の家に生まれた栄西は、仁安三年（一一六八）四月、宋人の商船に便乗して最初の入宋をし、のちに平家に焼かれた東大寺の復興に活躍した俊乗房重源《ちょうげん》と浙江省明州で知り合い、共に天台山万年寺へ行った。この時は約半年で帰国したが、重源との縁が栄西を奈良へ呼ぶことになる。

栄西は文治三年（一一八七）に再び宋人の商船に便乗して海を渡った。当初はインドをめざしたが、断念して天台山万年寺を再訪、そこで虚庵懐敞《こあんえじょう》に参禅してその印可を受け、建久二年（一一九一）七月、平戸芦浦（長崎県平戸市）に帰着した。その在宋中に、栄西は最澄の師である道邃《どうすい》が天台山に植えた菩提樹の一枝を商船で日本に送り、香椎宮《かしいぐう》（福岡市）に植えさせていたが、建久六年（一一九五）に、その分枝を東大寺大仏殿前に植えたと『元亨釈書』に載る。岩間眞知子氏は、それが重源の助言によるもので、栄西を源頼朝とつなぐものだったのではないか、と推測している。あるいは代は替わっているのかもしれないが、その**菩提樹の大木**は大仏殿の前で今も青々と葉を茂らせている。

　その後、二代将軍源頼家が京都に広大な土地を寄進、その援助を得て栄西は建仁二年（一二〇二）建仁寺を創建した。栄西はしばらく京都建仁寺に留まっていたようだが、建永元年（一二〇六）六月の重源没後、その後を継いで東大寺大勧進になったのである。

栄西が中国から将来した菩提樹（東大寺大仏殿廻廊内）

東大寺 鐘楼（国宝　鎌倉時代）

栄西による東大寺再建事業の中で、今日まで残っているのが承元年間（一二〇七〜一一）造営の**鐘楼**（国宝）だ。奈良時代に鋳造された巨大な鐘は二六・三トンの重さがあるという。その重さに耐えきれず当初の鐘楼は平安時代にすでに倒壊していた。栄西が建てさせた鐘楼は、その重さにすでに八百年も耐え、今なお毎晩打たれる鐘の音を静かな奈良の町に響かせている。

東大寺
■奈良市雑司町406-1　■0742-22-5511
■拝観時間：境内自由　大仏殿・法華堂・戒壇院7時半〜17時半（季節によって変動あり）
■拝観料：大仏殿・法華堂・戒壇院各500円
■JR奈良駅・近鉄奈良駅からバス「大仏殿春日大社前」下車、北東へ約5分
■Map：P6⑥
※二月堂修二会：3月1日〜14日。12日は境内周辺に交通規制があります。

西大寺の大茶盛

鎌倉時代に叡尊がはじめた伝統行事

西大寺

大茶盛のはじまり

平城宮跡に近い真言律宗総本山**西大寺**は、鎌倉時代の抹茶の飲み方を今に伝える大《おお》茶盛《ちゃもり》の行事で知られている。すなわち、毎年一月十五日、巨大な茶碗に点てられた茶を数人で飲み回す茶の会である。西大寺中興の祖である叡尊《えいそん》が、延応元年（一二三九）の正月に十四日間の修正会を終え、一月十五日に境内鎮守の八幡宮に供茶した余服を僧たちに大茶碗で茶を回し飲みさせたことにはじまるとの伝承をもつものだ。

ただし、この話は実話とは少し違っているようだ。叡尊の自伝である『感身学正《かんじんがくしょう》記《き》』には、その前年八月に西大寺に戻った叡尊が、翌延応元年正月一日から七日間の「三時秘法」（晨朝・日中・日没の密教の法）をはじめて修したとあるだけで、そもそも十四日間の法会がされていない。叡尊はその後も三十二年間、年頭には七日間の三時秘法を続けている。

そのため、私は叡尊が大茶盛をはじめたという伝承に一時は大分懐疑的になったのだが、その後、叡尊が開山となった西大寺末寺の横浜市金沢八景の称名《しょうみょう》寺《じ》でも、鎌

叡尊坐像（善春作　重文　鎌倉時代）

倉時代末の盂蘭盆会《うらぼんえ》のあとに同じことが行われていたことに気づいた。すなわち、金沢貞顕《かねざわさだあき》は称名寺に茶を送り「下品《げぼん》候といえども、茶三裹《つつみ》これを進《まい》らせ候。大茶碗にて僧衆に給い進らすべく候」という手紙を添えていたのである。

　やはりこうした大茶碗による茶の飲み回しが、叡尊の時代から行われていたのだろう。平安時代の宮中では、季御読経《きのみどきょう》のあと、声を枯らした僧たちに薬効のある煎じ茶をふるまっていたが、それと同じ性格をもつものだったようだ。

大きな道具での点前

　今は直径三十六センチもある地元の赤膚焼《あかはだやき》の大茶碗を使うが、もちろん当初はそれほど大きくはなかったはずだ。また、今は大きな台子《だいす》に風炉釜・水指を飾り、大きな棗と茶杓・茶筅を使った点前も行われるが、これももちろん鎌倉時代にはなかった。近代になっての工夫だが、それにしても巨大な道具を使いながらきれいな点前ができるものだと感心する。その茶もふつうに点っていて、おいしくいただける。それもそのはずで、この点前は、一時期は奈良に住んで裏千家の茶を広めていた十二代又妙斎《ゆうみょうさい》の指導によるものだった。

なお、西大寺の大茶盛は、毎年一月十五日に行われるほか、現在は春秋にも行われ、団体で申し込めば特別にしていただくこともできる。

ある意味では茶が西大寺の観光資源になっているともいえよう。しかし、寺が参詣者に茶をふるまって浄財を集めることも南北朝期から行われてきたことで、大茶盛からはいろいろな時代の茶の歴史が重なって見えてくるようだ。

大茶盛の点前風景

鎌倉時代の茶園

平安時代に描かれ、元応元年（一三一九）に写された「大内裏図」（陽明文庫蔵）に「茶園」という書き入れがあって、今の京都西陣のあたりに平安時代に茶園があったことがわかっている。宮中の季御読経の時にふるまわれた煎じ茶は、この茶園で作られたものだろう。

この茶園図に続いて古いのが、西大寺の所蔵する正和五年（一三一六）の「大和国西大寺与秋篠寺堺相論絵図」に図示された西大寺の「茶園」である。これは秋篠寺との境界をめぐる紛争の記録として作成されたものだった。「大内裏図」写本よりわずかに古い原本が残っているので、こちらが最古の茶園図と書かれることもある。

もっとも、鎌倉時代末の西大寺に茶園があったのは当然のことで、叡尊が大茶盛をはじめる以前から、すでに茶園をもっていたはずである。その頃はまだ茶は商品として流通しておらず、寺院での製茶が一般的だったと考えられるからだ。

奈良の茶園についての早い史料としては、建長年間（一二四九〜五六）の僧尊栄書状が知られている（興福寺蔵、鎌倉遺文七二五三号）。これは、当時鎌倉にいたと推定される尊栄が、興福寺僧に宛てた書状で、大意は次のようなものである。

「毎年の茶のうちで、今年のはとくに上質でした。このため寺中の諸僧は皆たいそう喜んで、やって来られては飲ませてほしいと所望されるので、わずか三、四ヵ月のうちに茶はなくなってしまいました。明年はかならず六斗ばかりも手に入れてくださ

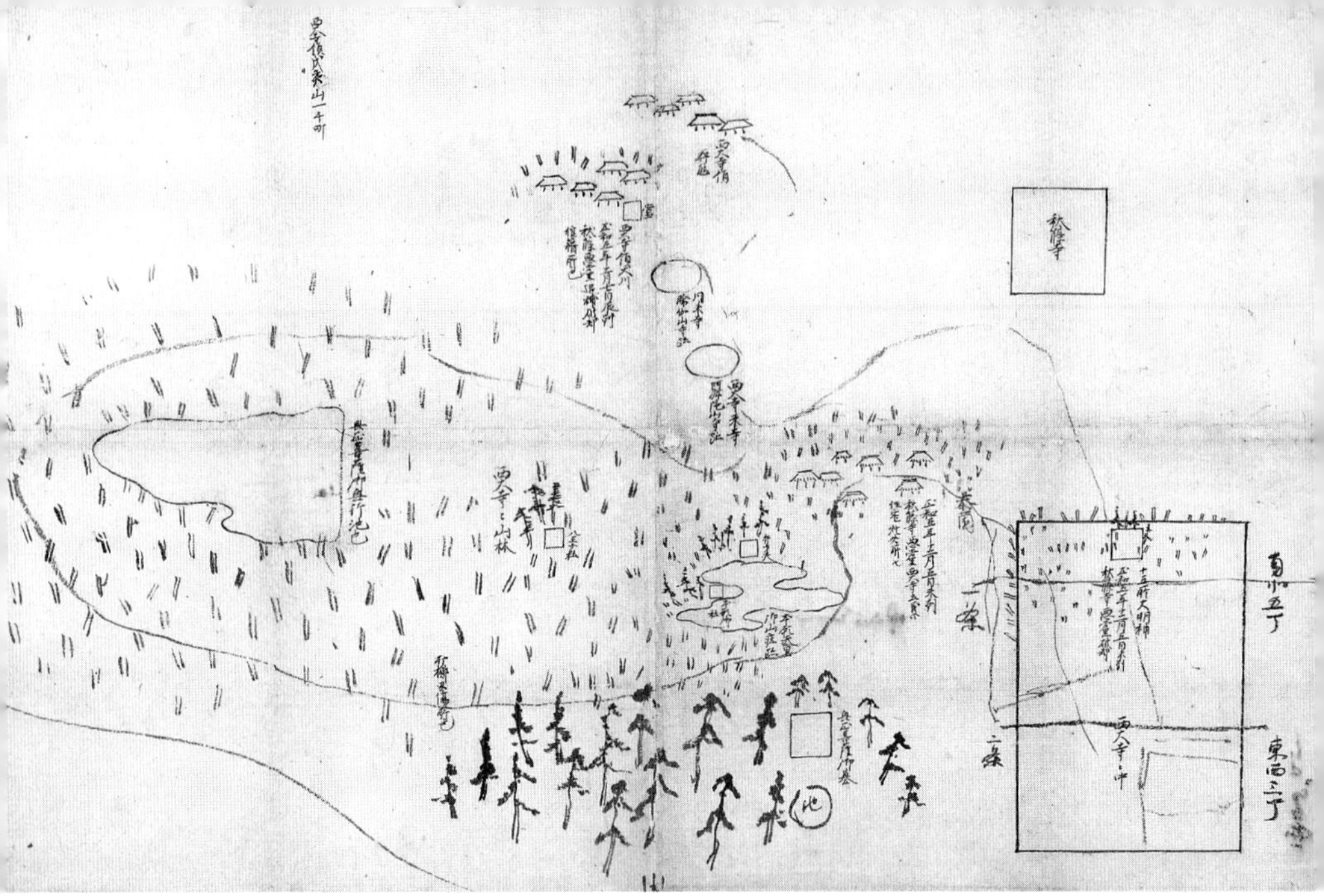

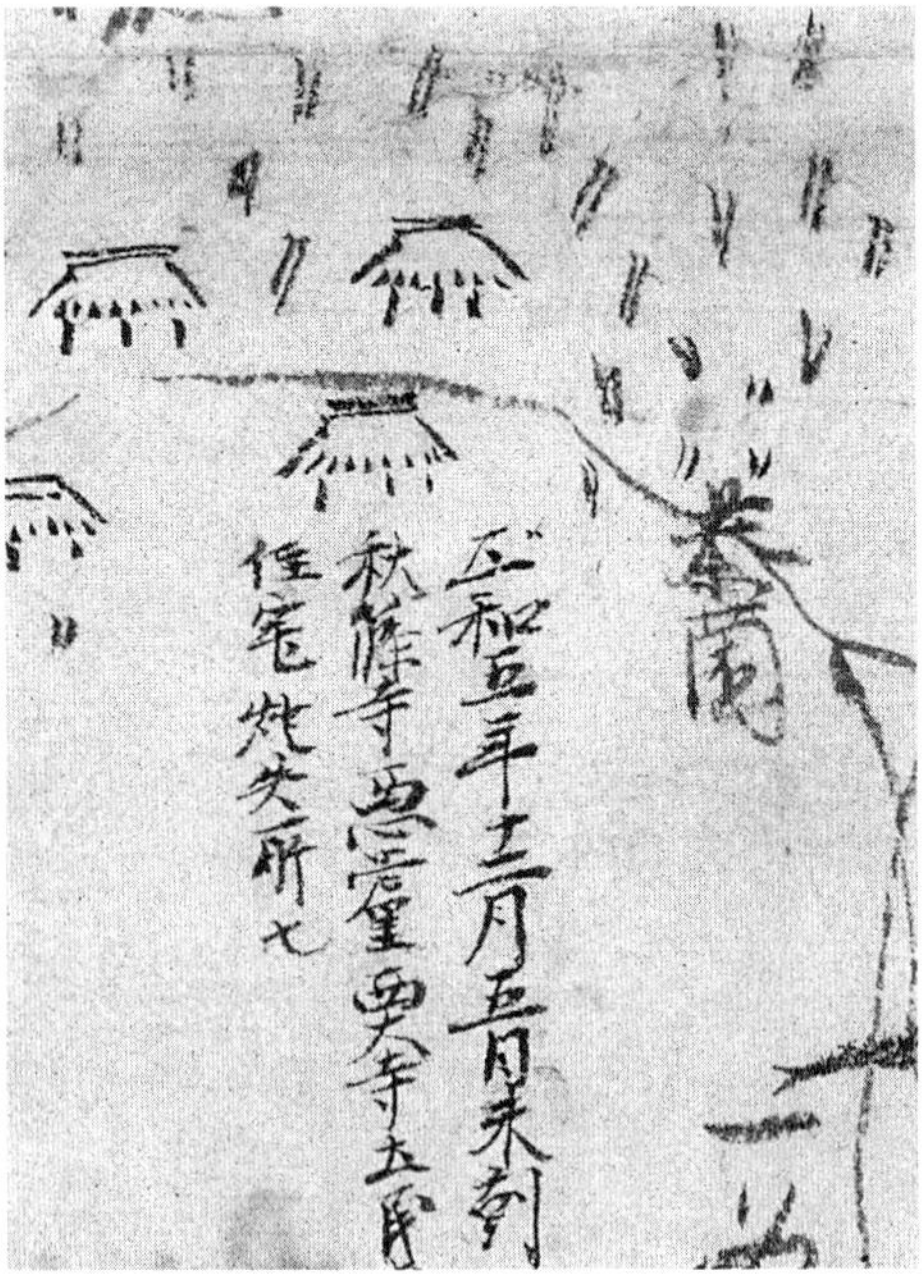

大和国西大寺与秋篠寺堺相論絵図［上］と茶園の箇所の拡大［下］
(重文　鎌倉時代〔正和５年〕　西大寺蔵)

茶の字が艸冠の下に横棒の一本多い、古い字体で書かれている

るならば、まことにありがたいことです。（以下略）」（田中稔氏による現代語訳）
他の書状で、尊栄は奈良の茶を京都の建仁寺へ運び、そこからさらに送ってもらうよう頼んでいる（同七七〇七号）。鎌倉時代前期のこの頃には、まだ鎌倉では茶が生産されていなかったか、あるいは生産量が少なく、質も悪かったのだろう。
南北朝期に書かれた『異制庭訓往来《いせいていきんおうらい》』に載る茶の名産地は京都の栂尾《とがのお》を第一とするが、それを「補佐」するという第二グループに宇治と共に奈良の般若寺が、それに続く第三グループに同じく奈良の室生寺《むろうじ》が入っている。
鎌倉時代には、茶は禅寺でしか飲まれておらず、茶は禅寺から広がったというような茶道史がかつては語られていたし、今でもそう思い込んでいる人は多いだろう。しかし、禅寺がなかった奈良の、興福寺や西大寺などが鎌倉時代（以前）から茶園をもち、禅宗が盛んだった鎌倉へと茶が運ばれ、般若寺や室生寺の茶は京都でも高く評価されていたのである。

西大寺
■奈良市西大寺芝町1-1-5
■0742-45-4700
■拝観時間：9時～16時半
■拝観料：本堂400円、四王堂・愛染堂・聚宝館（開館時期不定期）300円
■近鉄大和西大寺駅下車、西へ徒歩約5分。 ■Map：P6①
※大茶盛：1月15日10時～15時

茶の湯の成立と奈良

室町〜織豊時代

大乗院庭園と今西家書院

古代の平城京から中世の奈良町へ

興福寺

奈良町の形成

ＪＲと近鉄の奈良駅がある現在の奈良市中心部は、長方形の平城京の域外にあり、左京の東に拡大された外京《げきょう》とよばれる地域になる。ここには藤原氏の氏寺興福寺が建てられ、元興寺《がんごうじ》も明日香から移され、さらに春日社（今の春日大社）、東大寺も外京に隣接して建てられた。

延暦三年（七八四）の長岡京遷都によって皇族・貴族・官人が去った平城京中心部は空き地となり、やがて田畑に戻っていった。しかし、新都へ移ることを禁じられた外京の諸大寺はその後も奈良に留まり、そうした寺院を中心として形成された郷《ごう》がその後の奈良町へと発展していくことになった。

中心になった興福寺には、平安時代後期から公家《くげ》の子弟が入寺するようになり、周辺に次々と子院がつくられた。その代表が摂関家による一乗院・大乗院だったが、本

興福寺一乗院の表向御殿だった唐招提寺の御影堂（重文　江戸時代〔慶安３年〕）

寺とは別に荘園の寄進も受け、広大な所領をもつ門跡寺院になっていった。

一乗院と大乗院

現在の奈良地方裁判所の場所にあった**一乗院**（6頁⑫）は、鎌倉時代以後は近衛家・鷹司家、近世には天皇家の子弟が門跡を継承した。慶安三年（一六五〇）に新築されたその表向御殿《おもてむきごてん》は、明治になって一乗院が廃絶したのちは県庁、裁判所として使われ、昭和三十九年（一九六四）に唐招提寺へ移築された。現在、鑑真和上像が安置される**御影**《みえ》**堂**（重文）がそれであり、取り払われて滅失していた襖を新調し、新たに東山魁夷によって障壁画が描かれたことは、よく知られている。

織豊時代に一乗院門跡だった尊勢（近衛前《さき》久《ひさ》の子）は北野大茶湯に参加し、続く尊覚（後陽成天皇皇子）は松屋久重らを招いて茶会をしている。その後を継いだ真敬（後水尾天皇皇子）は、三菩提院《さんぼだいいん》の名で近衛家凞《いえひろ》の『槐記《かいき》』にしばしば登場する茶の湯の巧者であった。公家茶道の流儀化をはかった常修院宮慈胤《じいん》法親王（尊覚弟）の弟子で、奈良でも、里坊のあった京都でもよく茶会を行っていた。その茶の湯については谷端昭夫氏の『公家茶道の研究』が詳しい。

一方の大乗院は、一乗院の東側に隣接していたらしいが、治承の兵火、すなわち平重《たいらのしげ》衡《ひら》による南都焼討による焼失後、時の院主が兼帯していた元興寺の子院であった禅定院《ぜんじょういん》

旧大乗院庭園（国名勝）

に移り、明治初年の廃絶までそこを本拠地として使い続けた。今の奈良ホテルとその南側にあたり、平安時代につくられ、室町時代に八代将軍足利義政から遣わされた善《ぜん》阿弥《あみ》が改修した庭園が残っている。国名勝の**旧大乗院庭園**がそれである。

大乗院には九条家・一条家からの入寺が多かったが、室町時代後期、十五世紀後半の門跡尋尊《じんそん》（一条兼良《かねよし》の子）の『大乗院寺社雑事記《じしゃぞうじき》』は、激動の時代の長期にわたる貴重な記録として知られる。ちょうど茶の湯がはじまった時代であり、奈良に珠光《しゅこう》がいた時代とも重なっているのだが、珠光の名は出てこない。しかし茶の贈答記事はしばしばあり、茶勝負（闘茶）が行われていたこと、一部の法会や連歌会、七夕花会、若宮祭見物の時には茶が供されていたことがわかる。

『大乗院寺社雑事記』文明十七年（一四八五）五月十五日条には「山伏数十人猿沢池の西辺に出来《しゅったい》。茶屋において茶を呑む。手力雄《たぢからお》辺に到りすなわち見ずと云々。かの茶銭は木葉以下の物也と云々。近日の事也」という記事があり、すでに**猿沢池**（6頁⑱）沿いに茶屋があったことがわかる。近くにある手力雄社（今も高札場の横にある）で姿が消え、彼らが払った銭は木の葉だったという話だが、京都東山に足利義政の東求堂同仁斎が建てられる前年に、もう庶民が気楽に茶を飲めていたのである。

なお、茶の湯がさかんになって、江戸時代初期には大乗院にも茶室が建てられた。含翠亭《がんすいてい》と名づけられた四畳台目の茶室で、現在は奈良国立博物館構内に移築され、奈良**八窓庵**と呼ばれている。

今西家書院

旧大乗院庭園の一筋南に、重要文化財の**今西家書院**がある。ここは大乗院の坊官《ぼうかん》（門跡の事務を行う俗僧の家柄）であった福智院家の邸宅の一部で、大正年間に酒造業を営む今西家の所有となった。ちなみに今西家は、春日社の神人《じにん》（下級神職）として造酒を職とした酒殿《さかどの》家が近代になって退転した後、春日社に神酒を納めるようになっていた。その銘酒「春鹿」（当初は春日神鹿）は有名だろう。

奈良は中世から酒造が盛んで、南都諸白《もろはく》、つまり麹と蒸米の両方に精製した白米を使った高級清酒の発祥地でもあった。

今西家書院については、大乗院の古い建物が移築されたとする説もある。江戸時代に改造されているものの、本来は板敷きで、柱の面取りに槍鉋《やりかんな》が使われるなど、室町時代中期の初期書院造《づくり》の様相をよく伝えている。

茶室 八窓庵（江戸時代　奈良国立博物館） 四畳台目で織部好みとされる

今西家書院（重文　室町時代）　外観は３ページ右の写真

こうした書院では、まだ別室の茶湯所で点《た》てられた台天目《だいてんもく》の茶が運ばれて飲まれるだけだった。畳敷きになってはいるが、今もこの書院では点出しの抹茶を茶碗でいただけるので、追体験に近いことができる。ぜひ台天目で出していただきたいものである。

名勝旧大乗院庭園
■奈良市高畑町1083-1
■0742-24-0808（同文化館〔庭園入口〕）
■9時～17時　■月曜日休館
■入園料：100円（入館料無料）
■近鉄奈良駅からバスで「奈良ホテル前」下車、南へ徒歩約3分　■Map：P6⑲

奈良国立博物館　八窓庵
■奈良市登大路町50　■050-5542-8600
■9時半～17時　■月曜日休館
■近鉄奈良駅から東へ徒歩約15分。バスで「氷室神社国立博物館」下車すぐ　■Map：P6⑭
※八窓庵の利用については総務課企画推進係（0742-22-4450）にお問い合わせを。

今西家書院
■奈良市福智院町24-3　■0742-23-2256
■10時～16時　■月曜日、お盆、年末年始定休
■見学料：350円
■近鉄奈良駅からバスで「福智院町」下車、西へ徒歩約3分　■Map：P6⑳

珠光と古市播磨

奈良生まれの茶祖珠光とその弟子

称名寺

茶祖とされた珠光

奈良と茶の湯のかかわりについては、茶祖とされる珠光《しゅこう》（一四二三〜一五〇二）が奈良の人だったことがまず第一にあげられよう。

かつての茶道史で語られた珠光は、若くして奈良・**称名寺**《しょうみょうじ》を飛び出して還俗《げんぞく》し、京都で商人となって大成功し、八代将軍足利義政と親しくなって台子《だいす》の茶を習い、それを広めたというものだった。珠光所持、あるいは東山御物《ひがしやまごもつ》を珠光拝領とされる名物茶道具が多いことから、多くの唐物《からもの》茶道具を義政から賜り、また買い集めたとされた。

しかし珠光所持とされる名物の伝来記事は、珠光没後五十年以上経ってから書かれたものであることがわかった。天文末年（一五五五）頃の名物を記す新発見の『清玩名物記』で珠光の旧蔵とされていたのは、下手《げて》（量産された粗悪品）の青磁茶碗である珠光茶碗一つだけだった。珠光は名物を多数所持する豪商ではなかったのである。

また別の史料からは、珠光が奈良に住み、「珠光房」とも呼ばれた実在の僧侶であること、能の金春《こんぱる》家や連歌師の宗祇、香（香道）の志野宗信、禅僧の一休宗純とかかわりをもっていたこと、そして文亀二年（一五〇二）五月十五日に京都で没したことがわかっている。時代も合い、これが茶の湯の創始者とみなされた珠光その人であると考えてよいだろう。

草庵でうまれた茶の湯

珠光についての比較的信頼度の高い伝承によれば、珠光は応永三十年（一四二三）奈良に生まれ、十一歳の時に出家して奈良の称名寺に入った。この寺は興福寺の末寺だったが、実質的には浄土宗の道場であり、現在は西山浄土宗の寺である。珠光は二十歳前にこの寺を出てしまったが、その後珠光がどこでなにをしていたかはわからない。応仁文明の乱の頃には奈良に帰ったものの、称名寺へは戻らず、草庵に住む遁《とん》世者《せいしゃ》となった。その頃になっても「珠光房」とよばれていたので、還俗していなかったことはまちがいない。京都へ移ったのは晩年になってからで、享年は八十歳だった。

なお珠光の俗姓は村田だったと推測されてきた。根拠はまったく薄弱だが、たとえそれが正しいとしても、一生を出家者として過ごした珠光を村田珠光とよぶのは誤りである。

称名寺の山門
門右側の「茶礼祖　珠光旧跡」の石碑は明治21年（1888）1月に建てられた

出家者を漆間法然とか、日野親鸞、久我道元などとよぶことはない。また珠光は「周光」「朱光」と当て字された。周の呉音はシュであり、読みはシュコウであった。

珠光は応仁文明の乱の頃に奈良へ舞い戻り、伝承では東大寺転害門《てがいもん》に近い北川端町または中御門町の草庵に暮らしていた。そこで珠光が客を迎えて自ら茶を点てて出したことが、茶の湯のはじまりとされたのだろう。もっとも、同じようなことをしていた人は当時ほかにもいたはずだ。珠光の後を継いだ宗珠《そうしゅ》の弟子たちの茶の湯が堺（大阪府堺市）に広まり、その後の主流になったため、珠光が唯一の茶祖になったと考えるべきかもしれない。

若い頃に珠光がいた称名寺は、近鉄奈良駅に近い菖蒲池町にあり、門の横には「茶礼祖　珠光旧跡」と書かれた大きな石碑が立つ。ただし、珠光時代の称名寺は現在地より数百メートル東の、現在の奈良女子大学付近にあった。慶長七年（一六〇二）に奈良代官所（のち奉行所）が建てられたときに寺は移転させられ、明治になって国有地となった奉行所跡地に女子師範学校が建てられたのである。

興福寺衆徒の古市播磨

珠光の一の弟子と『山上宗二記』に書かれるのが、古市播磨澄胤《ちょういん》（一四五二〜一五〇八）である。澄胤は興福寺から南に約二キロ下った、現在の奈良市古市町を本拠地とした豪族で、興福寺の衆徒《しゅと》であった。

春日若宮おん祭「交名の儀」。興福寺南大門跡の石段上に並ぶ５人が衆徒

この肩書きについては説明が必要だろう。大和国では平安時代に国司の力が弱く、鎌倉時代に武家の守護が全国に置かれたときにそれが任命されなかった。藤原氏の氏寺であり、氏神の春日社をも一体化していた興福寺が実質的に国司の役割を担い、しかも守護の任務とされた治安のための強力な武力もすでにもっていたからだ。

その武力が衆徒である。僧侶姿で顔を隠したいわゆる僧兵だが、実体は興福寺に組織された豪族であり、室町時代後期のその棟梁が古市澄胤だった。

衆徒が中心になって行った興福寺・春日社の祭礼行事が二つあった。一つは春日若宮の「おん祭」（現在は十二月十七日）であり、もう一つが興福寺修《しゅ》二会《にえ》のあとに南大門で行われた猿楽《さるがく》である（旧暦二月に行われていたが、現在は五月第三週）。今や全国各地で行われるようになった薪能の起源であり、一九八七年からは「薪御能」と称している。

この両祭礼では今でも僧兵に扮した衆徒役が、その進行を司《つかさど》る重要な役を演ずる。おん祭では**興福寺南大門跡**前（6頁⑱）に腰掛けてお渡りの行列を点検する「交名《こうみょう》の儀」が行われ、薪御能では最初に「舞台改め」を行って開演を命じ、最前列で見物する。

澄胤の先代で兄の胤栄《いんえい》は、文明元年（一四六九）夏に古市で風呂を用意し、そこに絵や花を飾り、香を炷《た》き、「茶の湯」をしていた。これを茶道史では淋汗《りんかん》茶湯と称している。当時の風呂は非日常的なものだったから、誰かが費用を負担して用意した風呂に招かれることは、人々の大きな楽しみであった。胤栄は興福寺の高僧から衆徒、商人、郷民まで、一日に百五十人をもてなしている。

喫茶が庶民にも広がっていたことがわかるが、この人数では珠光の茶の湯とは異なるもので、今でいえば、大人数に次々と茶を運んで出す呈茶席だろう。しかし、澄胤の代になると淋汗茶湯の記録はなくなるので、澄胤が珠光のような茶の湯をはじめていた可能性はたしかにあるといえそうだ。

和漢の境をまぎらかす

珠光がその古市播磨澄胤に茶の心得を示したものとして有名なのが、『古市播磨法師宛一紙《いっし》』である。その全文を現代語に訳して紹介しよう。

珠光

古市播磨法師

茶の湯の道でもっとも悪いことは、我慢（我なりと慢ずる心）と我情（わがまま）である。それがあると、茶の湯の巧者を妬《ねた》み、初心者を見下すようになる。これは特によくないことだ。巧者に接して、自分の未熟なことを悟って一言なりとも嘆き、また初心者を育てるべきである。

茶の湯の道でいちばん大事なのは、和漢の境、つまり日本のものと中国のものとの境を融和させることである。これは重要なことで常に心しなければならない。また、このごろ「冷え枯れる」境地だと言って、初心者が和物の備前焼や信楽焼などを使って、誰も認めないのに最高位の境地に至った気でいるのは以ての外である。「枯れる」ということは、よい道具を持ち、そのよさを味わって、深い心の下地ができた後で「冷えやせ」た境地になってこそ興が深いのだ。

またそうはいっても、よい道具を持とうにもそれの叶わない人は、道具に関わってはならない。手取釜のような粗末な道具しか持てない者は、それを嘆く気持ちが肝心である。ただ我慢我情の気持ちがよくないのである。とはいえ、同時に自分のもつ茶道具に満足する気持ちもなくてはやっていけない道である。

心すべき名言として「自分の心を導く師となれ、心を自分の師とするな」と昔の人も言われている。

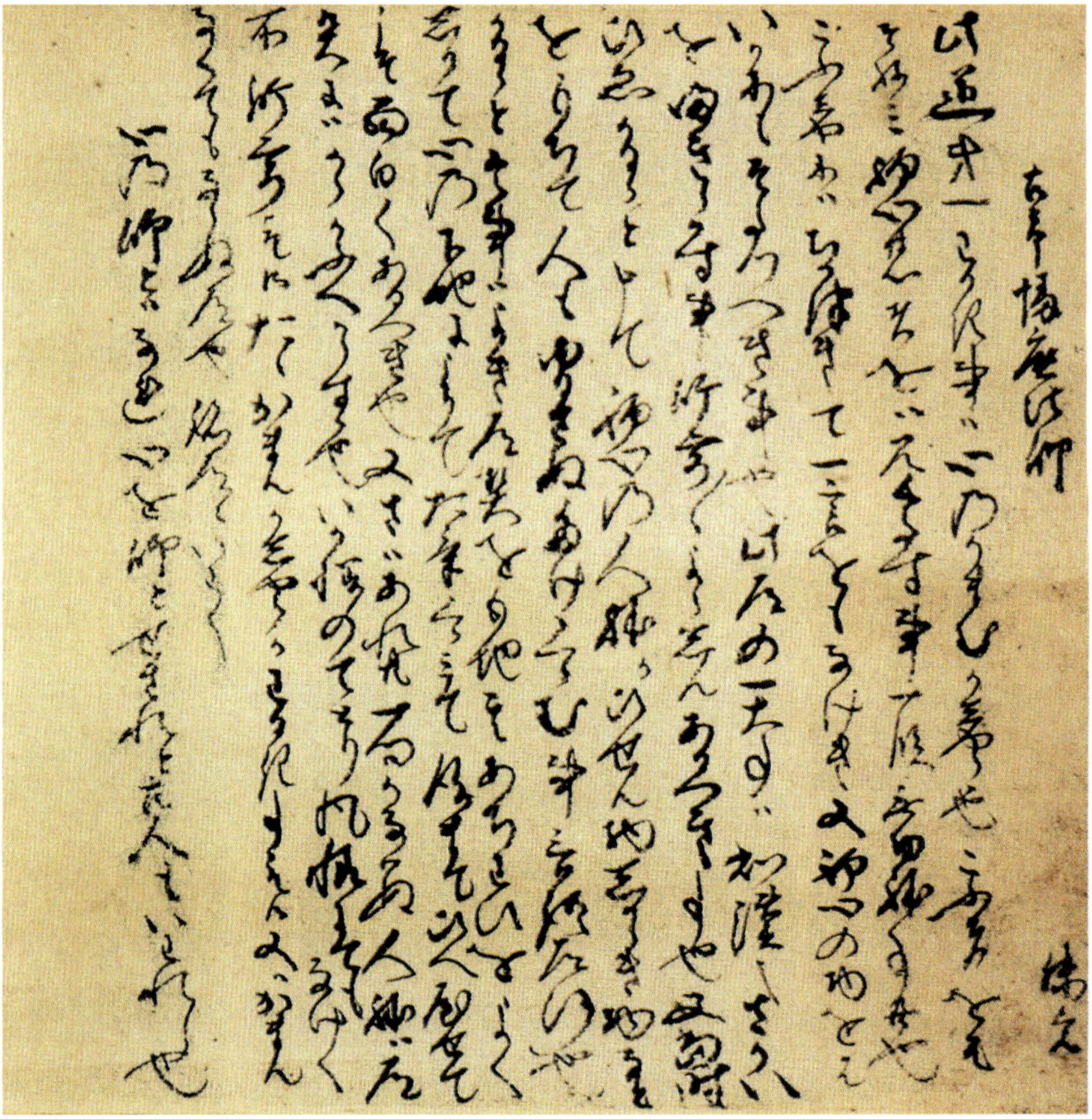

古市播磨法師宛一紙　（工芸版、大正９年刊　官休庵蔵）
「古市播磨法師宛一紙」は大正期に写真撮影され、このような工芸版も作られたが、現在は所在不明になっている。なお、本文に続く大徳寺の江雪宗立による識語部分は省略した

ここでは「和漢の境をまぎらかす」ことが強調された。中国伝来の唐物の茶道具と、日本で作られた和物《わもの》の茶道具を併用し、それを調和させることは、茶の湯の点前が行われるようになって必要になったことである。つまり、室町将軍家の喫茶では唐物でも最高級の建盞《けんさん》（茶碗の一種）に点てられた茶を、唐絵《からえ》や青磁花瓶、堆朱食籠《ついしゅじきろう》など中国の美術工芸品で飾られた書院に運び出して茶が飲まれたので、そこは唐物の美意識で統一することができた。しかし、風炉釜・水指・建水まで、点前道具のすべてを客の前に出す茶の湯では、すべてを唐物とすることは、ありえないことだった。

そこではじめて唐物と和物の調和が問題となり、和物に近い下手の唐物がよいとされるようになった。確かに珠光茶碗は下手の青磁であった。しかも建盞ではなく茶碗で茶を飲むこと自体、将軍家や禅寺とは異なる喫茶の系譜だったことを示している。

また、ここでは茶の湯の理念が、連歌や能の用語を使って説明されているだけで、禅の思想がまったく現れていないことが注目される。そのためこの「一紙」がたとえ珠光のものではなくとも、茶道史上の重要さには変わりがないのである。

称名寺
■奈良市菖蒲池町7
■0742-23-4438
■拝観：5月15日（珠光忌）のみ拝観可。それ以外は不可。
■近鉄奈良駅から北西へ徒歩約10分
■Map：P6⑪

中坊屋敷と松屋

茶人たちが往来した奈良町

奈良町

中坊屋敷と奈良代官所

町人が住んだ奈良町は、細い路地と古い家並みが今もよく残り、近年は観光客も多く訪れるようになった。その一角、椿井町《つばいちょう》に墨の老舗**古梅園**《こばいえん》がある。奈良は現在でも日本の製墨業の中心地だが、その起源は奈良時代にまでさかのぼるものだろう。不思議なことに、平安時代以後の京都で製墨業が盛んになったという話をきかない。京都をはじめ各地で大量に使われた墨は奈良から供給され続けてきたのであり、たとえば京都の鳩居堂製として売られる墨も実は奈良で作られている。

古梅園自体は江戸時代の創業だが、間口の広さは奈良町でも随一だろうし、裏の工場を含めた奥行きは約百メートルあって、次の通りにまで達している。その工場では、ずらりと並べた灯明《とうみょう》の煤《すす》を土器《かわらけ》に集めてニカワで練る、という伝統的製法を守り冬季だけに墨が作られている。

ところで、大宮守友氏の研究によれば、この古梅園を含むほぼ正方形の区画全体が濠《ほり》で囲まれ、衆徒《しゅと》の幹事役（衆中沙汰衆）だった中坊《なかのぼう》氏の屋敷だった。中坊氏は奈良市中の警察権を握る興福寺衆徒棟梁の筒井氏代官だったので、いわば奈良市長のような立場にあった。

天正十三年（一五八五）に国替えになった筒井氏と共に中坊氏が一時的に伊賀へ去った後は、羽柴秀長の代官だった井上源吾がここに入り、その職を継いだ（そのため中坊源吾とよく書かれた）。ここでの秀長の茶会では、山上宗二《やまのうえのそうに》が茶堂をつとめたり、長次郎《ちょうじろう》の黒楽茶碗がいち早く披露されたりもしている。その後、文禄三年（一五九四）二月には、京都を発って豊臣秀吉の吉野花見に合流した関白秀次も途中ここに宿泊した。

関ヶ原の戦後、慶長七年（一六〇二）に徳川家康がこの代官所を近くの大豆山郷に移転させた。敷地は広くなったが主要建物は秀長時代の建物を移築したらしい。幕末期まで五三の桐紋を散らして巧みを尽くした建物であったことを奈良奉行をつとめた川路聖謨《かわじとしあきら》が書き残している。なお、大豆山郷にあって、この新代官所を造るために替え地に移ったのが称名寺だった。

奈良町にある中坊屋敷跡。現在は墨の老舗・古梅園が建つ

『松屋会記』を残した松屋

奈良町の茶人を代表するのが、東大寺転害門の近くに住んだ松屋という塗師屋《ぬしや》であった。塗師屋というのは自ら漆器を製作する職人ではなく、漆器の卸問屋だったらしい。有力な町人であり、徐熙《じょき》の鷺絵《さぎえ》や松屋肩衝などの名物を所持していた。

十世紀末頃の中国の画家、徐熙の作とされる鷺絵は残念ながら現存しないが、次頁に写真を載せたものはその精密な臨模とみられる。珠光による表具までをよく似せていて、一文字を抜く表具の配色も、軸先を花梨にするのも記録と同じである。千利休は、この絵と表具を見れば数寄について悟ることができると古田織部に語っている（茶道四祖伝書）。

その松屋歴代が書き留めた茶会記が『松屋会記』である。この茶会記は現存する最古のもので、松屋歴代（三代とされてきたが、実際には四代）が書き継いで天文二年（一五三三）三月から慶安三年（一六五〇）正月まで続き、重要な茶道史史料になっている。

『松屋会記』冒頭の、天文二年三月二十日の茶会が東大寺四聖坊《ししょうぼう》で行われていることと、すなわち現存する最古の茶会記が東大寺のものであることは、あまり知られていないだろう。茶の湯が成立した室町時代後期になると、東大寺でも茶の湯が行われる

唐物肩衝茶入　松屋肩衝（重文　南宋時代　根津美術館蔵）

ようになっていたのである。四聖坊は現在の正倉院の敷地にあって、名物の唐物茶入「四聖坊《ししょうぼう》肩衝」を所持していた。この茶入はのち羽柴秀長に献上され、いつしか「師匠坊」と当て字されるようになっている（出光美術館蔵）。

『松屋会記』には奈良だけでなく、武野紹鷗・利休をはじめとする堺や京都の町人や、武家・大名の茶会が記録され、多くの聞書《ききがき》を収めている。武家との取引はまったくな

小柴守典（幽深斎）筆　徐熙筆鷺絵写（江戸時代中期）

かったらしい松屋と、秀長・古田織部・細川三斎・小堀遠州らが親しく交友している様子は不思議なほどである。しかし、それが茶の湯であった。

それだけに、松屋のことを知らなかったはずがない秀吉から松屋が一度も招かれていないことは、むしろ秀吉の茶の湯について考えさせるものがある。秀吉にとって役に立つ博多の神屋宗湛《かみやそうたん》を、大歓迎して感激させたのとは対照的な扱いであった。

松屋久政と鉢屋又五郎

『松屋会記』に登場する奈良の町人は多いが、久政のいちばんの親友は鉢屋又五郎紹佐だったろう。奈良町の一角、納院町《のういんちょう》に住んだ豪商で、その中を突っ切る鉢屋辻子《ずし》に名を残している。名物茶壺四十石《しじっこく》・裾野などを所持する茶人でもあった。

天文十一年には先輩で紹鷗の友人だった少清に連れられて、久政と共に堺へ行き、紹鷗や天王寺屋宗達、北向道陳《きたむきどうちん》などの茶会を歴訪した。この時二人はまだ二十歳代前半だったが、紹鷗は前日に彼らの宿へ使いを送り、玉澗《ぎょくかん》の波の絵と松嶋茶壺のどちらを見たいか尋ねた。二人の意見は分かれたので「どちらでも思し召し次第」と返答したが、紹鷗は機嫌よく両方を出してくれた。

弘治三年（一五五七）には二人で京都へ行き、辻玄哉《げんさい》、大文字屋《だいもんじや》宗観などの茶会を歴訪した。大文字屋宗観の茶会では、あの初花《はつはな》肩衝（重文）が出されている。奈良の青年茶人に対する破格の扱いは、奈良の茶の湯に対する茶人たちの敬意を示すものだ

奈良市郊外を一望する場所にある松屋（土門家）の墓地

ろう。

松屋は江戸時代後期になって没落し、その名物も流出した。利休や織部、遠州らがたびたび訪れた、東大寺転害門に近い祇園社前の屋敷跡は、今は駐車場になってしまった。東大寺裏山の、俊乗房重源の墓のすぐ近くに並ぶ松屋歴代の墓だけが、変わり続ける茶の湯と奈良の町を見守っている。

古梅園

■奈良市椿井町7　■0742-23-2965
■営業時間：9時～17時
■定休日：土・日曜日、祝日
■交通：近鉄奈良駅から南へ徒歩約6分
■Map：P6⑰
※11月～4月中旬の平日は墨作りの工程を見学して「にぎり墨」作りを体験できる（有料）。詳しいことはお問い合わせを。

松永久秀の多聞城

安土城に影響を与えた白い城

多聞城跡

書き換えられる松永久秀像

永禄二年（一五五九）八月に、三好長慶《ながよし》の堺代官であった松永久秀が、興福寺の弱体化をみて大和へ眼を向け、信貴山《しぎさん》（生駒郡平群《へぐり》町）に城を築いた。そして翌年には奈良まで進出、町のすぐ北側に**多聞城**《たもんじょう》を築いて居城としたが、もはや興福寺衆徒はそれを阻止することはできなかった。なお、この城名は地名ではなく、信貴山朝護孫子《ちょうごそんし》寺《じ》の本尊である毘沙門天の別名、多聞天に由来するものだ。

松永久秀の出自は不明である。京都の商人とも、摂津（大阪府北部と兵庫県南東部）の農民ともいわれ、三好氏と同じ阿波（徳島県）の出身ともいわれる。長慶に仕えて頭角を現し、めまぐるしく情勢が変わる室町時代末に大いに活躍した。

だが、その評判は芳しくない。三好三人衆と共謀して十三代将軍足利義輝《よしてる》を御所に襲撃して暗殺し、その後三人衆と対立して奈良に攻められたときは、三人衆が布陣した東大寺の大仏殿（鎌倉時代の重源による再建）に放火したとされてきた。しかし、義輝を暗殺したのは久秀の子の久通だったし、大仏殿の焼失は三人衆側の失火であったらしい。

近年になって、一流の文化人でもあった久秀の再評価がはじまっており、従来の久秀像は大きく書き改められることになりそうだ。

白く輝く多聞城

多聞城は、宣教師フロイスが『日本史』で「私がかつてキリスト教国で見たことがないほど白く輝く」と絶賛したもので、漆喰《しっくい》塗りの建物（いわゆる多聞櫓《やぐら》）を石垣の上に配し、中心となる四層櫓内部には障壁画を描き、柱は金色の金具で飾っていた。天守閣という名称は当時まだなく、この城の四層櫓はその早い例とされる。日本の城郭《じょうかく》史の画期になったもので、中世までの木の柵を巡らす城砦《じょうさい》から近世の白亜の城郭へのイメージの転換が、ここにはじまったのである。

フロイスの記述を分析した天野忠幸氏は「多聞山城は単なる軍事施設ではなく、久秀の側近たちが集住し、交流や教育に励んだ場であり、多くの見学者を想定した久秀自身の思想の表現の場でもあった」（堺市博物館

若草中学校の石段脇に立つ多聞城跡の碑

研究報告第三十一号）と評している。

実際、多聞城とその城下には京都から公家や学者たちが移り住み、久秀やその部下たちとさかんに交流していた。奈良の町人たちは、そのような久秀に接し、また久秀の下で繁栄する堺について知っていて、久秀を歓迎したのだろう。

のち天正二年（一五七四）三月、正倉院の蘭奢待《らんじゃたい》を切りに奈良を訪れた織田信長は、多聞城に宿泊して驚き、二年後に安土《あづち》城を築きはじめた。多聞城の四層櫓は安土城に移築され、その一部になった。安土城は、多聞城とそれを建てた久秀の影響を受けつつ、さらに上回るものだったといえる。

極真台子の茶会

永禄六年正月十一日、久秀は多聞城内の六畳座敷に京都の医師曲直瀬道三《まなせどうさん》、松屋久政らを招いて茶会を行った。床に玉澗の煙寺晩鐘《えんじばんしょう》の絵を掛け、つくも茄子《なす》と松本天目・数《かず》の台（天目台の名物）を長盆《ながぼん》に飾り、台子に風炉《ふろ》・平蜘《ひらぐも》釜、餌畚《えふご》水指、足利義満旧蔵の柄杓立《ひしゃくたて》、天下一合子《ごうす》の建水を置く、名物づくしの茶会であった。

茶堂は堺の町人である若狭屋宗可《そうか》がつとめた。料理は三の膳まで出て、菓子は縁高《ふちだか》に柿・銀杏《ぎんなん》・栗など七種が盛られている。この茶会は道具組や料理だけでなく、その点前までかなり詳しく『松屋会記』に書き残されていて、貴重な史料になっている。

興味深い点を一つだけ紹介しよう。この時は極真《ごくしん》の長盆真台子であるにもかかわらず、洞庫《どうこ》（当時は勝手とよばれた）が使われ、道具が出し入れされていた。台子は書院のもの、洞庫は草庵で老人が使うものと区別するような後世の考え方は、現実の点前の歴史とは違っていることがわかる。

その後の久秀

この頃が久秀の絶頂期であったといえよう。永禄十一年に足利義昭を立てて信長が上洛した時、久秀は信長に降伏し、名物のつくも茄子を献上した。久秀は長慶から与えられていた大和守護職を安堵されたが、もはや自由は失われてしまった。

元亀二年（一五七一）には武田信玄らと結んで信長に反旗を翻すが、信玄の死によって反信長戦線は崩壊。久秀は信長にまた降伏し、許された。信長が久秀の能力を高く評価し、利用価値があると考えていたためとされる。

信貴山城跡（平群町信貴山上）

しかし、信長はその後久秀の大和守護職を奪って、久秀の宿命のライバルともいえる筒井順慶にそれを与えた。久秀は天正五年十月に再び反逆、信長の再三の説得を無視して、ついに**信貴山城**に攻め滅ぼされた。その時、平蜘釜の信長への引き渡しを拒んで打ち砕いたという逸話で有名だ。

奈良町を見下ろす多聞城跡（中央右の森）は聖武天皇・光明皇后陵と同じ丘陵上にある
遠景左手の矢田丘陵の向こうに、信貴山の台形の山頂部が見える

信貴山城は完全に焼失したが、その地割りは信貴山中に比較的よく残っているようだ。一方、多聞城はそれ以前に信長方へ引き渡されていたので無事だったが、信長の命で取り壊されて安土城や京都の旧二条城に移築された。しかし、数年後にはそれも本能寺の変で焼失してしまった。多聞城の跡地は、今は奈良市立若草中学校の敷地になっているが、石垣すら残っておらず、往時を偲ばせるものはわずかに残る土塁と切り立った崖、そして校門前の小さな石碑だけとなっている。

久秀の所持した茶道具も、平蜘釜をはじめほとんどが失われているが、唯一なんとか残っているのが「つくも茄子」である。『山上宗二記』はこれを天下四茄子の一つに入れ、本能寺の変で焼失したとするが、実際には焼け跡から掘り出されて秀吉の所蔵となっていた。ただし、損傷がひどかったようで茶会では使われていない。そして慶長二十年（一六一五）の大坂夏の陣で再び炎に包まれたが、またもや掘り出され、藤重藤元が漆で修復している（静嘉堂文庫美術館蔵）。強運なのか不運なのか、よくわからない茶入である。

多聞城跡
■奈良市法蓮町1416-1（若草中学校）
■近鉄奈良駅からバスで「鴻池」下車、東へ徒歩約10分　■Map：P6⑤

信貴山城跡
■生駒郡平群町信貴山2280-1（朝護孫子寺）
■近鉄信貴山下駅からバスで「信貴大橋」下車、北へ徒歩約20分
■Map：P7㉗

今井町と今井宗久
奇跡的に残った中世以来の町並み

橿原市
今井町

重要伝統的建造物群保存地区

近鉄の八木西口駅から歩いて十分ほどのところに、橿原市**今井町**の重要伝統的建造物群保存地区がある。

かつてこの町を囲んでいた幅十五メートル以上の環濠《かんごう》はほとんど埋められたが、中世の寺内町《じないまち》に起源をもつ江戸時代の建造物が七割を占め、東西六百メートル、南北三百十メートルの狭い範囲に重要文化財の民家八件、寺院本堂一件が集中する。

道割りはほぼ中世のままとみられ、最近はさらに修景事業（歴史的景観の復元）も進められている。道はとても狭いが、電柱がなく、ビルも見えない町の上には昔と同じように大空が広がっていて、印象的だ。

現在の町は、天文元年（一五三二）の一向一揆のさいに興福寺衆徒《しゅと》によって焼き払われたのち、再び真宗道場（今井御坊《ごぼう》、現在の称念寺）を中心に四丁四方に濠を巡らし、土塁を築いてつくられたものだ。戦国時代の自衛的環濠集落の典型とされている。

織田信長と本願寺が戦いはじめてからは、今井町は防備を固めて織田方の明智光秀・

筒井順慶軍と戦い、半年間も町を守り通した。しかし、天正三年（一五七五）九月に「宗及《そうぎゅう》」、すなわち茶人として知られる堺の天王寺屋宗及の斡旋により降伏、濠と土塁を破却して以後は武装しないことを誓っている。

今井宗久の出自

その時の光秀からの書状が残っていて、「宗及」と明記されているのだが、それを「宗久《そうきゅう》」、つまり同じく堺の豪商茶人だった今井宗久の書き間違いと考える立場もある。

というのは、今井宗久はこの今井町の出身であり、堺に出て武野紹鷗の女婿になっていた人物とされるからだ。しかも、宗久は今井御坊の主だった本願寺の一家衆、今井兵部卿豊寿の一族だったと推定されている。のちに宗久の養子である今井兵部鶴寿が今井御坊に入っており、今井町と宗久の縁にはきわめて深いものがあっ

今井町の町並み復元模型（今井まちなみ交流センター「華甍」内）

た。しかし、それゆえ本願寺にあまりに近かった宗久は、光秀と親しかった宗及を表に立てて斡旋役にしたのだと私は考えている。当事者たちがみなよく知っている宗久と宗及を書き間違えることなど、ありえないだろう。

なお、今井家の出自について、旗本となった子孫が幕府に対して近江（滋賀県）の六角《ろっかく》氏に仕えた武家と報告している（寛政重修諸家譜）点を重視し、今井町出身ではないとする説もある。しかし、滅亡した名家である六角氏に先祖が仕えたとするのは、江戸時代の家系偽造の常套手段であった。今井町出身説をくつがえすほどの説得力はないように思われる。

今井町と茶の湯

古代から、のちの堺付近にあった港と明日香《あすか》を結んだ竹内《たけのうち》街道が今井町のすぐ脇を通っており、今井町と堺は一直線で結ばれていた。織豊時代の堺は、水路が町中に巡らされた港町であったことを別とす

茶室 黄梅庵（大阪府堺市大仙公園内）

れば今井町ともよく似た町で、「海の堺、陸の今井」と並び称せられたという。現在の堺は道幅も広く、ビルの並ぶ大都市だが、紹鷗や宗久、利休らのいた頃の堺をイメージするには、むしろ今井町の狭い路地を歩いてみた方がよさそうだ。

当時は今井町でもさかんに茶の湯が行われていたのだろうが、残念ながらその記録は残っていない。古い茶室も現存しないが、**豊田家**（旧牧村家・重文）にあった平《ひら》三畳茶室が、昭和になって財界数寄者として知られる松永耳庵《じあん》（安左衛門）に譲られ、その神奈川県小田原の邸内に**黄**《おう》**梅庵**《ばいあん》として移築された。

耳庵晩年の茶会の舞台となり、現在はさらに堺市の大仙《だいせん》公園に移されて、堺市茶室として堺市民に親しまれている。そのまま今井町にあれば、重要文化財になっていた茶室である。今井宗久好みとする伝承はともかく、今井町での茶の湯が偲ばれよう。

その後の今井町

江戸時代になってからも、今井町は金融業を行う富裕な町人の町として繁栄を続けた。その惣年寄筆頭を代々務めたのが今西家で、慶安三年（一六五〇）の棟《むな》札《ふだ》が残る城郭風の大きな屋敷は、今井町に現存する最古の建物で、もちろん重要文化財である。『今井町史』によれば、この今西家当主をはじめ、牧村家、尾崎家、豊田家らの豪商が、千家や藪内《やぶのうち》家の

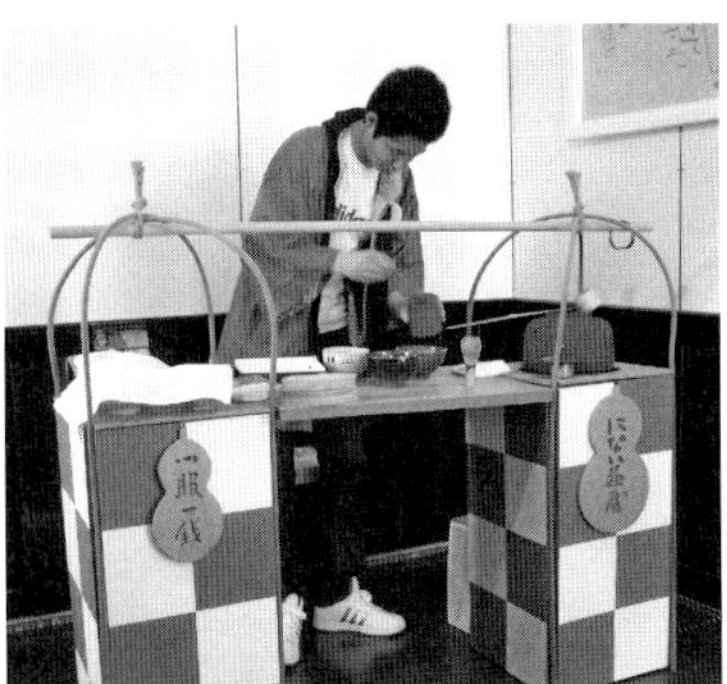

今井町並み散歩の茶行列。宗久や信長に扮した人たちが今井町を練り歩く［右］
今井町並み散歩に出店していた荷い茶屋［左］

門人になっていたという。

しかし、江戸時代後期に町は衰えはじめ、明治になって鉄道の駅も隣の八木町につくられ、今井町はそのまま時勢からとり残されていったのだった。

ふだんは静かな今井町だが、年に一度往時の賑わいをとり戻す日がある。毎年五月中旬に行われる「今井町並み散歩」の日だ。重要文化財の民家八棟がすべて公開され、呈茶席があり、かつての六斎市《ろくさいいち》（月に六回の市）にちなむという露店がでる（現代風にアレンジされた中世の荷い茶屋もぜひ復活させていただきたい）。

なお、旧米谷家《こめたにけ》（重文）は年間を通していつでも見学できる（月曜日は休館）。また、**今井まちなみ交流センター「華甍《はないらか》」**には、往時の町全体の復元模型があり、町の歴史についての展示解説が詳しい。

今井まちなみ交流センター「華甍」
■橿原市今井町2-3-5
■0744-24-8719
■9時～17時（入館は16時半まで）月曜日休館
■入館料：無料
■近鉄八木西口駅・JR畝傍駅から南へ徒歩約８分　■Map：P7㉚
※今井町並み散歩：5月第３日曜日（今井町町並み保存会　0744-22-1128）

戦国の郡山城

筒井順慶・羽柴秀長と小堀遠州

大和郡山市

筒井順慶と「筒井筒」

筒井城（大和郡山市筒井町）を本拠地としていた筒井順慶が、西の京丘陵の南端に位置する郡山《こおりやま》（大和郡山市）の城に移ったのは、天正八年（一五八〇）のことである。織田信長から大和一国の支配を許され、宿敵の松永久秀をも滅ぼした順慶は、ここを大和支配の新たな拠点としたのだった。

その二年後の六月に本能寺の変が起きたとき、順慶は親しかった明智光秀に味方すべきか、大いに迷うことになった。羽柴（豊臣）秀吉と光秀の決戦場になった山崎（京都府大山崎町）に近い洞ヶ峠《ほら》（京都府八幡市と大阪府枚方市の境界）で戦況を見守り、優勢となった秀吉方に加勢、これが日和見《ひよりみ》をさす「洞ヶ峠」の語源になったとされる。しかし、実際には

筒井順慶像（大和郡山市光専寺蔵）

郡山城跡

順慶は**郡山城**から動かず、洞ヶ峠に布陣して順慶を待っていたのは光秀の方であった（蓮成院記録）。なぜか、歴史の逸話はしばしば実話と逆になる。

　順慶は所持した大井戸茶碗を秀吉に差し出して遅参を許されたが、「筒井」と名づけられたこの茶碗が、のちに茶会中五つに割れてしまう。そのとき細川幽斎がとっさに「筒井筒五つにかけし井戸茶碗咎《とが》をば我に負《お》ひにけらしな」と狂歌を詠み、蒼ざめていた小姓を救ったという有名な逸話が生まれた。銘「筒井」と謡曲「井筒」、そこで謡われる「筒井筒井筒にかけしまろが丈《たけ》生《お》ひにけらしな妹《いも》見ざるまに」（本説の『伊勢物語』の和歌より近い）が掛けられている。

　興福寺僧英俊の『多聞院日記』天正十六年二月九日条にほぼ同じ狂歌が載っており、これは実話なのだろう。その後、この茶碗は「筒井筒」と呼ばれるようになった。

　なお、順慶の茶会は『松屋会記』『天王寺屋会記』に合わせて四会残っている。天正七年六月十一日朝の、筒井城での茶会で「上高麗茶碗」を使っているが、これが大井戸茶碗だったのかもしれない。この時は、菓子の一つとして「南蛮」、酒次《さけつぎ》に「南蛮物」を出しているのも興味深い。

大井戸茶碗　銘「筒井筒」（『大正名器鑑』第七編より）

羽柴秀長と茶堂山上宗二

順慶は天正十二年八月に三十六歳の若さで郡山城で病没している。家督は養子の定次が継いだが、一年後に伊賀（三重県）へ国替えとなり、郡山には秀吉の弟である羽柴（豊臣）秀長が入った。秀長は大和・和泉（大阪府南部）・紀伊（和歌山県）の三国合わせて百万石を領することになり、その居城となる郡山城は秀吉自身が縄張りを指揮して拡大された。当時の遺構は石垣だけしか残らないが、さぞ豪壮なものだっただろう。最近、天守閣跡から金箔瓦が出土して話題となった。

秀長は茶の湯を好み、千利休（宗易）とも親しかった。天正十四年に上坂した大友宗麟に秀長が「内々の儀は宗易、公儀のことは宰相（秀長のこと）存じ候、御為《おんため》に悪《あ》しきことはこれあるべからず」と助言したことは、利休の政治的地位を示す証言としてよく引用される。

郡山で、秀長は利休の弟子である山上宗二を茶堂にした。従来は秀吉の不興を買って逃げ回る宗二を秀長が匿《かくま》ったとされてきたが、茶堂は人前に出るのが仕事だから、ありえない話である（宗二の実像については拙著『山上宗二記入門』（角川学芸出版）をご一読いただきたい）。

天正十四年十月六日に、秀長の奈良代官である井上源吾の屋敷（48〜49頁参照）で、秀長に口切《くちきり》茶が献上され、口切茶会が開かれた。茶堂は宗二だった。その七日後には源吾が茶会を行い、「宗易形ノ茶ワン」を使っている。利休形楽茶碗の最初の記録だが、これは秀長から源吾に与えられた褒美の披露ではなかろうか。

続いて郡山の茶会では、二十三日に尾崎喜介、翌十五年正月十七日に茶堂曲音、二十四日に桑山貞晴（宗仙、のち片桐石州の師）などが続々と「今焼茶碗」を使い、それが奈良へも波及した（以上『松屋会記』による）。今焼茶碗は楽茶碗とは限らないが、この場合はいずれも長次郎の楽茶碗とみてよいだろう。直接的には秀長の影響とはいえ、その背後には目利きの茶堂、山上宗二がいたのである。

その後まもなく、三月には秀吉・秀長の命で郡山から高野山へ赴いた宗二だが、そこで書かれた『山上宗二記』に「唐茶碗はすたりたる也、当世は高麗茶碗・今焼茶碗・

豊臣秀長画像（古渓宗陳賛　大徳寺大光院蔵）
大光院は、大光院殿と謚号された秀長のため古渓宗陳を開山として大和郡山に創建。のち大徳寺山内に移る

瀬戸茶碗以下まで」と記している。出現したばかりの宗易形の楽茶碗を、宗二はただちに高く評価していた。

少年時代の小堀遠州

ところで、秀長の重臣に小堀新介がおり、その嫡子作介がのちの小堀遠州である。遠州は七歳の時から約十年間を郡山で過ごし、十六歳だった文禄三年（一五九四）二月三日に、父新介や井上源吾と共に松屋久政の茶会に招かれたのが、その茶の湯についての最初の記録となる（茶道四祖伝書）。遠州は若い頃からの松屋との交流を生涯絶やすことはなかった。

遠州は晩年になって、松屋久政の孫の久重に「十歳の時利休に逢いたるよ、大和大納言（秀長）へ太閤御成《おなり》の時、給仕を十歳の時したるよ、その前日に大納言殿へ利休見舞い、木綿頭巾にて茶を点て大納言殿に教えられ候ところ、障子を開けて、ふと入りたる」と語っている（同前書）。郡山城は利休と遠州の生涯ただ一度の出会いの場でもあった。

郡山城跡
■大和郡山市城内町
■近鉄郡山駅から西へ徒歩約８分　■Map：P7㉓

桜の吉野山

秀吉の花見、織部の花見

吉野町

蔵王権現の神木

『万葉集』にすでに吉野山（吉野郡吉野町）は詠まれているが、離宮があった麓の宮《みや》滝《たき》周辺の山のことと見られ、桜は出てこない。吉野の桜が和歌に詠まれるのは十世紀初頭の『古今和歌集』からであった。

吉野山には、奈良時代の伝説的山岳修行者で修験道《しゅげんどう》の祖とされる役行者《えんのぎょうじゃ》が感得した、金剛蔵王権現《ざおうごんげん》をまつる**蔵王堂**が建てられ、その神木として桜が植えられるようになったという。神仏習合の修験道が産み出した権現、すなわち仏が衆生を救うために日本の神の姿で現れたとされる権現だから、寺に祀られつつも、周囲には神木が植えられたのである。

心願成就を願って、古来多くの人々が吉野に桜の苗を寄進してきた。堺に近い平野（大阪市平野区）の豪商で、利休とも親しい茶人だった末吉《すえよし》勘兵衛は、天正七年（一五七九）に桜一万本を寄進している。それから十五年経った文禄三年（一五九四）頃には、成木となってたくさんの花をつけていたことだろう。

秀吉の吉野の花見

文禄三年二月二十五日に、太閤秀吉は大坂城を発ち、二十七日に吉野山で花見を行った。後醍醐天皇ゆかりの**吉水院**《きっすいいん》（有力な僧坊だったが明治以後は**吉水神社**《よしみず》）に数日の滞在後、三月二日にそこから高野山（和歌山県伊都郡高野町）へ回り、金剛峯寺で母大政所の法事や連歌会をして、六日に大坂へ帰着している。この時、秀吉ははじめて吉野の桜を見たのだった。

随行したのは、関白豊臣秀次、細川幽斎、徳川家康、前田利家、伊達政宗らの大名、今出川晴季、飛鳥井雅枝、日野輝資らの公家、聖護院門跡道澄《どうちょう》、連歌師の里村紹《じょう》巴《は》・昌叱《しょうしつ》ら数千人であった。一行の出立ちは美麗を尽くしたもので、大坂では群衆がその行列を見物したという。おそらく古田織部も同行していただろうが、利休はもういなかった。

しかし、その豊臣家の文字どおり「わが世の春」の華やかさは、まさに桜の花のようにはかないものだった。秀吉らを迎えた郡山城主豊臣秀保《ひでやす》（秀長養子、秀次弟）は翌年四月に死去した。秀次が関白の座を追われ、高野山で切腹したのもその三カ月後のことだった。この花見の時秀次は高野山へは行かずに帰ったが、一年四カ月後の自らの運命を知るよしもなかっただろう。

そして秀吉自身も慶長三年（一五九八）八月十八日に、幼い秀頼の将来に不安を抱きつつ世を去った。六十二歳であった。

吉野山の桜

織部たちの花見

明けて慶長四年三月の吉野山に、同じように咲きほこる桜を見物する一団があった。古田織部、小堀作介（のちの遠州）らの武家と、天王寺屋宗凡（宗及の子）、松屋久好（久政の子）らの茶人であった。『松屋会記』に京衆・堺衆三十人ばかりを迎えたとあるので、奈良衆と合わせて四十人以上にもなっていただろうか。

彼らはまず六日に奈良の興福寺成身院と東大寺四聖坊で一日中振舞《ふるまい》を受けて泊まり、翌日には途中の初瀬《はせ》でまた、秀長の旧臣で今井町の町人になっていた尾崎喜介の振舞を受けた。その時には数え二十一歳の作介が曲舞《くせまい》を舞い、織部が大鼓を打っている。この頃、作介はもう織部の弟子になっていた。それにしてもまだ若い作介を伴った織部が、すでに作介を高く評価し、期待していたことがうかがわれる。

なお、山城国西岡（京都府長岡京市付近）に

吉水神社書院　玉座の間（重文）

三万五千石を領していた織部は、前年の慶長三年に家督を嫡子に譲っていた。かわりに隠居料三千石を与えられたのだが、その領地の半分は大和国山辺郡井戸堂（現在の天理市東・西井戸堂町）であった。ふだんは伏見に住んでいたとはいえ、織部はこの時大和国に所領をもっていたわけで、この花見は織部の提案だったのだろう。

「利休妄魂」

一行が吉野山に着いたときのことを『松屋会記』は「吉野竹林坊、路地まで御迎えに出《い》で候、荷《にな》い茶屋に利休妄魂と額を打ちて、荷いて出で候也」と書いている。

竹林坊は金峯山寺の子院である**竹林院**の僧で、路地とは茶室の露地ではなく、一般の狭い道のことだ。そこへ一服一銭《いっぷくいっせん》の荷い茶屋を持ち出して、花見の一行を迎えたのである。「利休妄魂」は「利休亡魂」の当て字とみられ、利休の魂・亡霊といった意味になるが、その真意の解釈はむずかしい。

実は今回、この原稿を書いていて気づいたことがあった。織部が秀吉の文禄三年の吉野花見に同行していたならば、二月二十八日の利休命日を織部は吉野山で迎えていた、ということだ。周囲で浮かれ騒ぐ秀吉たちの一行を見ながら、織部は三年前のその日、霰《あられ》の降る日の出来事を思い出していたに違いない。あるいは、竹林坊と密かに読経していたのかもしれない。竹林坊と利休の関係は不明だが、なんらかの交友がなければ、竹林坊がこうした額を打つことはなかっただろう。

竹林院庭園　群芳園

秀吉が亡くなって、もう遠慮は必要なくなっていた。文禄三年の花見から五年、利休が没してから八年。竹林坊は今回の花見には利休も呼び出し、共に花と茶を楽しもうと考えたのではなかろうか。怨念を込めたものというわけではなさそうだ。

この時織部・作介ら一行が泊まったのは、当然竹林院だろう。現在は宿坊になっていて、「太閤秀吉の花見の時に利休が作庭」という伝承をもつ庭園**群芳園**の名が高い。

吉水神社
■吉野郡吉野町吉野山579
■0746-32-3024
■9時～17時　■拝観料：400円
■ロープウェイ吉野山駅下車、南西へ徒歩約15分　■Map：P7㉛

竹林院庭園 群芳園
■吉野郡吉野町吉野山2142
■0746-32-8081
■8時～17時　■拝観料：300円
■ロープウェイ吉野山駅から南西へ徒歩約25分　■Map：P7㉜

春日大社と久保権大輔

『長闇堂記』を書いた侘び茶人

春日大社

和物の唐物

『古今和歌集』巻九の羇旅《きりょ》歌に、阿倍仲麻呂の「唐土にて月を見てよみける」と題する有名な歌がある。

あまの原ふりさけみれば　春日なるみかさの山に　いでし月かも

遣唐留学生として霊亀二年（七一六）に渡唐し、唐朝に仕える役人となって三十五年を過ごした仲麻呂は、天平勝宝五年（七五三）の遣唐使帰国船に鑑真らと共に同乗して帰国できることになった。その出港前夜に明州の港で詠んだのがこの和歌である。その遣唐使船の第二船に乗った鑑真は、六度目の渡航でついに日本へ到着した。しかし、仲麻呂が乗った第一船はベトナムへ漂着し、仲麻呂は奇跡的に長安へは戻れた

久保権大輔が住んだ野田郷跡から若草山・花山・御蓋山をのぞむ（奈良市　奈良県新公会堂前）

が、その後日本に帰ることはできなかった。

ここでいう「みかさの山」は、若草山（いわゆる三笠山）ではなく、その南にあって、西麓に**春日社**（今の春日大社）が鎮座する本来の御蓋山《みかさやま》のことであった。古代の人びとはそこから昇る月を春日野から眺めていた。空気が澄み、月の高度が夏よりも上がる中秋（旧暦八月）の満月は、とりわけ美しいとされる。

この歌を藤原定家は百人一首に選び、『山上宗二記』は数少ない和物の名物として、定家筆のこの歌の小倉色紙を入れている。武野紹鷗から今井宗久へと伝えられたものであった。これを「和物《わもの》の唐物《からもの》」、つまり日本人の和歌ではあるが、和歌そのものは唐でつくられた唐物であるとして、紹鷗がはじめて和物の掛物を茶会に使ったとする伝承も、真偽は不明だが、よくできている。

五徳と竹の蓋置

かつての春日社では無数の石灯籠に毎晩灯明が灯されていた。夜間の参詣は特に霊験があるとされていたので、月明かりの春日野から春日社へ詣でる人も多かったことだろう。その灯明は輪を上にした小さな鉄の五徳《ごとく》に灯明皿を置くものであった。下が水平でなくとも三足ならば安定し、たとえ上の輪が傾いていても灯明皿は水平に置ける仕組みになっている。

中世以来、五徳は春日社に属する鋳物師《いもじ》の座が、灯明皿は西の京の土器師《はじし》の座が納めていた。その後者がやがて茶の湯の奈良風炉（土風炉《どぶろ》）を作りはじめ、赤膚焼の源流になった。千家十職の永樂家も、西の京の土風炉師から出た家だ。

　初期の茶会で蓋置としてよく使われた五徳は、こうした灯明用の五徳の見立てであった。春日社の五徳を写した蓋置は今も作られているが、七種《しちしゅ》蓋置のそれより輪が大きくて幅があり、春日社の文字が鋳出されている。本歌はほとんど残らず、春日大社にもないという。

　ところで、茶の露地には灯籠が置かれ、夜咄《よばなし》では灯明が灯されて、蹲踞《つくばい》の場所がわかるようにされたが、杉木普斎《すぎきふさい》は竹輪に灯明皿を置くと書いている。五徳の代用品が竹輪だったことになる。おや、と思われた読者ももうおられるだろう。五徳の代用は竹輪だという連想から、侘数寄《わびすき》が竹を蓋置に見立てたと私は推測しているのだが、室町時代にすでに竹輪を五徳の代用にしたとする史料をまだ見つけ出せていない。

1,800 基以上が並ぶ春日大社参道の石灯籠

久保権大輔『長闇堂記』

春日社の神職には『松屋会記』に登場する茶人が何人かいるが、もっとも有名なのが『長闇堂記《ちょうあんどうき》』を残した久保権大輔《ごんだゆう》（権大夫）利世だろう。権大輔が住んだ**野田郷**（6頁⑮）は東大寺参道の東側、今は奈良県新公会堂の前の芝地になっているところにあった。ここには春日本社の社家と北郷神人《じにん》が住み、本社の南郷神人と春日若宮の社家・神人が住む高畑郷（奈良市高畑町）と相並ぶ存在だった。

ただし、権大輔は長男ではなかったので神人の禄はなく、茶入の仕覆《しふく》などを縫う袋縫いを家業としたという。権大輔はまた東大寺俊乗堂の七尺四方の旧堂を移し、茶室待庵《たいあん》と同じ二畳隅炉《すみろ》の茶室をつくっていた。その茶室を訪れた小堀遠州から、四畳半の方丈に住んだ『方丈記』の著者鴨長明と対比して、長闇堂の名を贈られたという。

しかし、神職だった権大輔は、遁世して仏にすがった長明と同類視されるような長闇堂の名が気に入らなかったようだ。自分では使っていないし、親交のあった遠州や松花堂昭乗も権大

久保権大輔作茶杓　銘「春日大明神」

輔を長闇堂と呼ぶことはなかったので、私は久保権大輔と呼ぶのが本人の気持ちに叶うのではないかと思っている（詳しい事情は拙著『現代語でさらりと読む茶の古典　長闇堂記・茶道四祖伝書（抄）』淡交社、を参照）。

『長闇堂記』は、この地に住んで侘び茶を楽しんだ権大輔の回想録である。北野大茶湯に参加してその様子を記し、山上宗二の最期について、その息子道七からの伝聞と思われる記事を書き残した唯一の書でもある。また、小堀遠州のエピソードをいくつも紹介するなど、当時の茶の湯の雰囲気をよく伝えるものだ。

権大輔の墓は大正年間に再発見され、その七尺四方の茶室が復元された奈良市法蓮町の**興福院**《こんぶいん》境内に移されている。

興福院の久保権大輔の墓（『長闇堂事蹟考』より）

春日大社
■奈良市春日野町160
■0742-22-7788
■6時30分〜17時
■近鉄奈良駅からバス「春日大社本殿」下車すぐ
■Map：P6⑩

興福院
■奈良市法蓮町881
■0742-22-2890
■拝観は要事前予約。9時〜11時、ただし7〜8月、12〜2月は閉門　■拝観料：300円
■JR・近鉄奈良駅からバス「佐保小学校前」下車すぐ
■Map：P6④

大名たちと茶の湯

その茶会をめぐるエピソード

赤膚山・田原本他

近世奈良の諸藩

江戸時代になると、重要都市の奈良は京都・大坂・堺などと同様に幕府直轄地となり、奉行所が置かれた。初代の中坊飛騨守秀政から幕末の小俣《おまた》伊勢守景徳《かげのり》まで四十三代の奈良奉行が着任している。

そして大和国内の多くは他国と同様に大名や旗本、寺社の所領となり、いくつかの藩が成立した。なんといっても大藩だったのが郡山藩だが、それ以外に次節で取りあげる片桐氏の小泉藩一万五千石、織田信長の次男信雄《のぶかつ》の宇陀《うだ》松山藩五万石（一六九四年廃絶）、織田有楽《うらく》の四男長政を祖とする戒重《かいじゅう》藩（のち芝村藩）一万石、同じく五男尚《なお》長《なが》を祖とする柳本藩一万石、柳生氏の柳生藩一万石、明治元年になって加増されて大名家に加わった平野氏の田原本《たわらもと》藩一万石などがあった。

そうした大和国内の大名家の茶会にまつわる話をいくつか紹介しよう。

薄茶の菓子のはじまり

元和五年(一六一九)、大和郡山には松平忠明が十二万石で入った。忠明は家康の外孫で、茶の湯は小堀遠州の弟子だった。

寛永六年(一六二九)正月四日、忠明が開いた茶会について、『松屋会記』は「後に、鎖《くさり》の間《ま》にていろいろ御菓子ども、薄茶出《い》で候」と書いている。濃茶のあと広間に移って、菓子と薄茶が出たという。それまでの茶会での菓子は、懐石料理の最後に一回出されるだけだったので、これが薄茶の時に別の菓子が出された最初の記事となる。この時は料理のあとの菓子は「美濃柿一、里芋一、醒《さめ》ヶ井《がい》餅一」の三種だったが、薄茶の時が何だったかは残念ながら書かれていない。

二年後の寛永八年正月八日の忠明の茶会では、最初は「栗、キクラゲ」、薄茶の時は「蜜柑・美濃柿」が出た。これが薄茶の時に別の菓子が出た二番目の記録である。寛永十一年以後は他の人の茶会でも時々別の菓子が出るようになったが、それまでは忠明だけがしていたことになる。よほど菓子が好きな殿様だったらしい。

奈良は菓子の故郷だと先に書いたが、薄茶に別の菓子(今なら干菓子)を出すことの発祥地は大和郡山ということになりそうだ。

大名茶人、柳沢尭山

享保九年(一七二四)に郡山に十五万石で入ったのは、柳沢吉里だった。吉里の父である柳沢吉保（一六五八〜一七一四）は五代将軍徳川綱吉の小姓から側用人《そばようにん》となり、松平姓を許されて甲府藩十五万石の大名となったことで知られる。

その吉里の孫が保光《やすみつ》（一七五三〜一八一七）で、尭山《ぎょうざん》と号した。茶の湯を石州流の片桐宗幽から学んだが、千宗旦に私淑してその茶風を慕ったという、江戸時代後期を代表する大名茶人の一人だった。松江藩主の松平不昧《ふまい》、姫路藩主で縁戚でもあった酒井宗雅《そうが》らと交友し、不昧を郡山に招いたこともある。不昧の所蔵茶道具の記録である『雲州蔵帳《うんしゅうくらちょう》』には、尭山旧蔵のものがいくつもあり、中でも「瀬戸後窯茶入銘初祖」「千種伊羅保《ちぐさいらぼ》茶碗」「遠州作茶杓銘清見ケ関」が知られる。「長次郎黒茶碗銘北野」も尭山の所蔵だったらしい。また、尭山が江戸で開いた茶会に、酒井宗雅が二会参席し、その記録を自分の茶会記である『逾好《ゆこう》日記』に書きとめている。

尭山自筆の茶会記も大和郡山の**柳沢文庫**に残されている。これは珍しいもので、尭山が親しい知人に茶会の様子などを知らせた手紙の下書きから、茶会記に相当する部分だけを、具体的には自会記四会と他会記七会分を切り取って保管したものらしい。そのため「九ツ（正午）過ぎに済む、それから昼寝也」とか「ちと賭《かけ》をして負けて不時の茶を致し候」などの文面が残っていて、おもしろい。

「菓子　青豆あんかわ肉桂、好み銘を、さわらび」という記事もあり、尭山が自分の好みの菓子を作らせていたこともわかる。再現して大和郡山の名物菓子にするとよさそうだ。

なお、尭山は寛政十年（一七九八）頃に**赤膚山**《あかはだやま》（五条山、7頁㉒）に陶器の開窯を許し、赤膚焼を復興した。赤膚焼は古代の土師器《はじき》製造にまでさかのぼる前史をもっているが、いつから今のような陶器生産をはじめたのか、はっきりしない。「遠州七窯」は後世の命名だが、江戸初期に一時的に造られたものの、すぐに廃れたらしい。幕末に名工奥田木白《もくはく》（一八〇〇～七二）が出て、その名を高めた。

現在では赤膚焼のトレードマークのようになっている「奈良絵」は、奈良時代の過去現在因果経を参考に、木白が創案したものである。

織田有楽の子孫

織田有楽の四男長政は、大和国にあった有楽の領地の一部を分与されて戒重藩（桜井市戒重）一万石の大名となった。なお、五男の尚長も兄長政同

奥田木白作　色絵大和画（奈良絵）酒瓶（辻井由紀子氏蔵）

様に大和国の領地を分与されて柳本藩（天理市柳本町）一万石の大名となっている。もともと一つの領地を分けたのだから、両藩は隣接していた。

　戒重藩主の長政は茶人であり、正保三年（一六四六）二月二十五日に松屋久重を茶会に呼んでいる。奈良奉行の中坊時祐、久重、春日社神人小三郎の三人が客だったのだが、かなり変わった茶会であった。

　まず第一に、当日は朝から「いろいろ御料理」だった。ただしこれは茶会ではなく、「二十五日晩」になって茶会があった。一休の掛物、有楽伝来の瀬戸肩衝、刷毛目の高麗茶碗などが使われている。続いて「夜咄《よばなし》」があった。本来の夜咄は夕食後の飯後の茶事だから、続けてすることも不可能ではない。そこでまた湯漬け飯が出ている。そして「翌日に」また茶会があった。「炭も濃茶も自身めさるる」とある。道具の記事は最初しかないので、同じ道具を使って、一泊二日、三回の茶事でもてなしたのだろうか。この戒重の陣屋跡は同地の春日神社北側とされるが、今はその濠跡がわずかに低く残っているだけである。

慶田寺　織田家墓地（手前は織田有楽の墓碑）

　七代藩主の輔宣《すけよし》が陣屋を芝村（桜井市芝）へ移し、そのため藩名も芝村藩となって

織田小学校の校門　門の右に校舎の壁の校章がみえる

幕末に及んだ。地名もその際、岩田村から改名されたのだが、この名は江戸藩邸所在地の芝（東京都港区芝）と似た地形だったことに由来するという。その陣屋跡が現在の桜井市立織田小学校で、校章も織田家の五葉木瓜《もっこう》紋をそのまま使っている。

また、近くの曹洞宗**慶田寺**《けいでんじ》の表門は旧陣屋の遺構とされ、境内の織田家墓地には歴代藩主の墓と共に、有楽の分骨を納めた墓も建てられている。昭和三十八年（一九六三）に流派合同した茶道の有楽流が家元に迎えたのは、この芝村織田家の子孫であった。

利休作「ゆがみ」の茶杓

田原本（田原本町、7頁㉘）の平野氏の初代である平野権平長泰《ごんぺいながやす》は、柴田勝家を破る戦いで功績があった、いわゆる「賤《しず》ヶ岳七本槍」の一人である。他の六人（加藤清正・福島正則・加藤嘉明・脇坂安治・片桐且元・糟屋武則）がその後秀吉の下でみな一万石以上の大名に出世したのに、一人だけ五千石どまりだったのが平野長泰だった。

とはいえ、関ヶ原の戦いでは徳川方の東軍に属して本領を安堵され、江戸時代は旗本の扱いとなった。旗本というと徳川家直参《じきさん》というイメージだが、中には中世豪族の末裔や、大名になれなかった戦国武将なども含まれていた。そうした旗本たちは大名と同様に領地に陣屋を構え、参勤交代を行っていたので交代寄合《こうたいよりあい》と呼ばれる。

五千石だった平野氏も田原本に陣屋を構えていたが、そこで二代目の平野長勝が慶安二年（一六四九）十一月八日に開いた茶会が『松屋会記』に載る。客は奈良奉行の中坊時祐、興福寺の尊教院と龍雲院、東大寺の四聖坊、そして松屋久重の五人だった。床は一山一寧《いっさんいちねい》の一行書の前に茶壺を飾り、釜は姥口《うばくち》、古瀬戸の道桂肩衝、信楽水指、井戸茶碗などが使われたが、注目されるのが千利休作の茶杓銘ゆがみである。久重は図入りで「かくの如く左へゆがむ、軸の所虫食い七八分程あり、へぎめ也、筒は三斎作の由、……休ノ作と書付は三斎筆跡の由、削り破りこれあり」と書いており、筒も拝見していたことがわかる。

千利休作竹茶杓　銘ゆがみ（永青文庫蔵）

この利休茶杓は細川三斎の愛蔵品だったが、ある時、平野長泰にそれを贈る約束をしてしまった。すぐに後悔したが、約束を守って贈ったという話で知られている。三斎の添え状にはたしかに「御約束申し候茶杓、まいらせ申し候、涙をこぼし申し候、ふと御約束申し候、これは名をゆがみと申し候、我ら茶杓の内にては一にて御座候」とある。三斎がどうしてそんな約束をしたのかわからないが、実は平野長泰の父長治は公家の清原家からの養子であり、細川幽斎（藤孝《ふじたか》）の母である智慶院の甥にあたる。つまり幽斎と長治は従兄弟《いとこ》、三斎と長泰は又従兄弟であり、しかもたいへん親しい間柄ではあった。

ただし、この茶杓は五代目の平野長暁の時に、三斎の添え状と共に細川家へと返し贈られ、現在は永青《えいせい》文庫の所蔵となっている。伝来がたしかな、利休の茶杓を代表するこの「ゆがみ」が田原本にあって、今の町役場の南側に隣接していた平野氏の陣屋で、実際に使われていたのである。

柳沢文庫
■大和郡山市城内町2-18
■0743-58-2171
■9時～17時（入館は16時半まで）
■月曜日・祝日・第４火曜日休館
■入館料：200円
■近鉄郡山駅から西北へ徒歩約10分　■Map：P7㉔

慶田寺
■桜井市芝753
■0744-42-6209
■拝観は要事前予約
■JR・近鉄桜井駅から奈良交通バス「芝」下車、西へ徒歩約１分　■Map：P7㉙

大和小泉と片桐石州

石州流を開いた大名茶人

慈光院

片桐石州の生涯

ＪＲ関西本線の大和小泉駅（大和郡山市小泉町）周辺は、江戸時代には小泉藩の領地であった。その二代藩主が片桐石見守貞昌《かたぎりいわみのかみさだまさ》、すなわち片桐石州《せきしゅう》である。石州の祖父直貞は近江国伊香郡高月村（滋賀県長浜市高月町）に住み、浅井氏に仕えた武家だったが、その滅亡後に子息は羽柴（豊臣）秀吉に仕えている。小堀遠州の父新介もまた小堀村（長浜市小堀町）に住んで浅井家に仕え、その滅亡後は羽柴（豊臣）秀長に仕えたから、両家はよく似た歴史をもつ家柄だったことになる。

片桐直貞の長男且元《かつもと》は、賤《しず》ヶ岳の戦いで名を上げ、秀吉の側近として出世した。石州の父貞隆《さだたか》はその弟で、兄とつねに行動をともにし、兄を支え続けた。貞隆は秀吉・秀長兄弟を手本とし、自らを秀長の立場に重ねていたのかもしれない。且元没後の元和九年（一六二三）になって、貞隆は小泉へ居館を移している。

石州は慶長十年（一六〇五）に貞隆の長男として摂津茨木（大阪府茨木市）に生まれ、寛永四年（一六二七）に父の死によって二代藩主に就いた。

外様大名の嫡子だった石州は、いわば人質として江戸で育ったので、伏見（京都市伏見区）にいた小堀遠州に茶の湯を師事することはできなかった。石州は江戸に住む旗本の桑山宗仙の弟子となったが、父貞隆と宗仙が親しく、しかも両家の屋敷がきわめて近かったためらしい。それは石州にとって幸運なことだった。

宗仙の父は桑山修理大夫重晴といい、和歌山城代をつとめる秀長の家老であった。茶は千利休の弟子で、山上宗二からは『山上宗二記』を贈られている（今日庵文庫蔵）。重晴の三男であった宗仙は千道安の弟子だったので、利休の茶は道安から宗仙、石州への流れとしても伝えられることになったのである。

慶安元年（一六四八）に、石州は三代将軍徳川家光の下命で、将軍家の道具について、どの名物を何番の長持に納めるべきかを具申した。名物茶道具への識見がすでによく知られていたのだろう。

寛文五年（一六六五）十一月には、四代将軍家綱に点前を披露し、石州は将軍茶道師範となった。多くの弟子が集まり、その茶風は遠州流を圧倒して武家社会に広まっていくことになったのである。

大名としての石州は、京都知恩院の普請奉行として約九年間を主として京都で過ごして以後は、各地の土木事業の監督に当たる郡《こおり》奉行などをつとめた。そして延宝元年（一六七三）十一月二十日に小泉で死去、六十九歳だった。

慈光院　書院（重文）から東に奈良盆地、遠景に大和高原の山並み

慈光院　片桐石州好み二畳台目茶室（重文　江戸時代〔寛文 11 年〕）

石州にゆかりの慈光院

石州は、京都在住時に大徳寺芳春院の玉室宗珀《ぎょくしつそうはく》に参禅し、のちにその法嗣《ほっす》である玉《ぎょく》舟宗璠《しゅうそうばん》を開山として大徳寺内に高林庵《こうりんあん》、小泉に**慈光院**《じこういん》を創建している。

大和小泉駅に近い丘陵の先端に建つ慈光院は、石州が父貞隆の菩提を弔って建てた寺で、山門は片桐且元の茨木城の楼門を移している。奈良盆地を見下ろし、笠置山脈から大和高原、さらには宇陀山地を借景とする書院から東方の眺望と、南面の庭園で知られる。

道安好み三畳逆勝手と、石州好み二畳台目の茶室があるが、寺の書院の中に当然のように茶室を組み込むのは、小堀遠州以後のことであろうか。江戸時代になって、邸宅でも寺院の客殿でも、小間の茶室が必要不可欠の施設とみなされるようになった、ということだろう。

なお、この二畳台目の茶室は寛文十一年の石州による造立であることがはっきりしており、点前座の奥に床がある、いわゆる亭主床の茶室として知られる。また、壁であるべき一面が襖になっていて、襖を取るとさらに二畳の相伴席と一体化するよう工夫されている（前頁写真下）。

ただし、慈光院での石州茶会記は伝わらない。『松屋会記』などに載る小泉での石州茶会は、慈光院から八百メートルほど南にあった片桐氏の陣屋で行われた。中世からあった小泉城を中心に整備された居館だったが、今は住宅に囲まれた小高い場所に

小泉城趾の石碑と説明板があるだけだ。もっとも、周辺には内堀と外堀、武家屋敷も多少残っていて、現在は石州流茶道宗家高林庵である片桐氏の住居もその一つである。

鳳林承章の来訪

寛文七年二月末に、石州は鹿苑寺（金閣寺）住職の鳳林承章《ほうりんじょうしょう》を慈光院へ招いた。鳳林の日記『隔蓂《かくめい》記《き》』「赴和州小泉之記」にその五日間の旅が詳しく書かれている。鳳林は三日間の小泉滞在中に、慈光院からの眺望に感激し、法隆寺の見物に出かけ、家老で石州流茶書『和泉《いずみ》草《ぐさ》』の著者である藤林宗源《ふじばやしそうげん》の茶にもよばれた。帰りには奈良で興福寺、春日社、東大寺に参詣している。ちょうど半月前の二月十四日、修二会の達陀《だったん》の火が燃え広がって二月堂を全焼した直後であった。

鳳林は石州の居館では飯後《はんご》の茶会に臨んで

小泉城跡の碑（大和郡山市小泉町）

いる。大徳寺開山の大燈（宗峰妙超）墨蹟、胡銅《こどう》花入に椿、阿弥陀堂釜、新伊賀水指、織部所持の唐物丸壺茶入、唐物青貝の茶入盆、利休茶杓、高麗茶碗という格調高い道具組での盆点《ぼんだて》（茶入を盆に載せて行う格の高い点前）であった。

その後書院へ移り、石州は鳳林の前で自ら料理して小泉名物の「油不入《いらず》之麺」をふるまった。この麺は油を塗って延ばす一般の素麺とは違って葛《くず》を使うため、そう細くはないが、油臭さがない。帰京した鳳林はすぐに一箱を後水尾法皇に献上している。

近年それを「石州麺」（販売元　株式会社イリグチ）として復活させた食文化研究家の奥村彪生《あやお》氏によれば、同じ製法で作られる秋田名物の稲庭《いなにわ》うどんは、石州から秋田藩主佐竹氏にその製法が伝授されたものらしい。石州の知られざる事績であった。

慈光院

■大和郡山市小泉町865　■0743-53-3004

■9時～17時

■拝観料：1,000円（抹茶接待含む）

■JR大和小泉駅から北へ徒歩約15分、またはバスで「片桐西小学校」下車、北へ徒歩約5分　■Map：P7㉕

小泉城跡・小泉神社

■大和郡山市小泉町2333（小泉神社）

※小泉城跡は、神社から北東へ約300メートルの公園内にある。小泉神社の表門は維新後、小泉城から移建されたと伝える。

■0743-53-0233（小泉神社）

■JR大和小泉駅から北西へ徒歩約15分

■Map：P7㉖

奈良晒茶巾と高山茶筅

茶の湯を支える脇役たち

生駒市
高山町 他

奈良と茶道具

奈良の茶人は「私たちは奈良県産のものだけで茶会ができますが、他府県の方は自分の所のものだけではむずかしいでしょうね」とよく言う。

奈良は奈良時代から続く漆器の名産地であり、陶器は赤膚焼があり、現代では辻村史朗氏や子息の塊氏もいる。釜師は北野大茶湯に参加した奈良衆の茶人で、永禄の兵火で焼損した東大寺大仏を補修して現在の大仏右手を作った弥左衛門久怡《きゅうい》がいたし、今は橿原市に奈良釜の三代川邊庄造氏がいる。掛物や箱書を書く高僧にも事欠かないし、最近は大和茶の抹茶も作られるようになった。そして、全国の茶道具屋で売られる茶巾はほとんどが奈良晒《ならざらし》の麻茶巾であり、茶筅は生駒市高山産のものである。高山では竹茶杓や竹花入も作られていて、たしかに奈良県では、奈良県産だけの道具と茶、料理と菓子で茶会ができてしまう。

ここでは、その中でも茶の湯に欠かせない脇役、消耗品である茶巾と茶筅をとりあげよう。

奈良晒

麻は古代から庶民の衣料に用いられ、中世には武家の式正の衣料となって上質のものが生産されるようになった。織ったままの麻布は亜麻《あま》色だが、晒《さら》しの工程を経ることで純白になる。

奈良でのその生産はもちろん古代にはじまっていたが、天正年間(一五七三〜九二)に清須美《きよすみ》源四郎が晒しの技術を改良して高い評価を得たという。濃い色に先染めする着物用の麻はそう白くなくてもよかったが、家紋を白抜きにする後染めの裃《かみしも》は純白である方が美しかった。慶長十六年(一六一一)に徳川家康は、奈良晒について寸法を検査した上で「南都改」の朱印を端に捺すことを命じ、幕府の御用品としたのである。

麻は綿に較べて水を吸っても柔らかくならず、乾きも早い特性があって茶巾に向いているのだが、天文二十三年(一五五四)成立の『茶具備討集』に載る茶巾産地は越中河上と朝鮮産の照布《てりふ》(上質の麻布)だけで、まだ奈良の名は出ない。それが寛文十年(一六七〇)頃成立の『茶譜』では「根本、照布と云いて、薩摩国より来たる布よし、その後越後晒・奈良晒も用ゆ」と書かれるようになった。ただし「奈良晒は柔らかにて、水へ入れひたひたと手に付くようにて

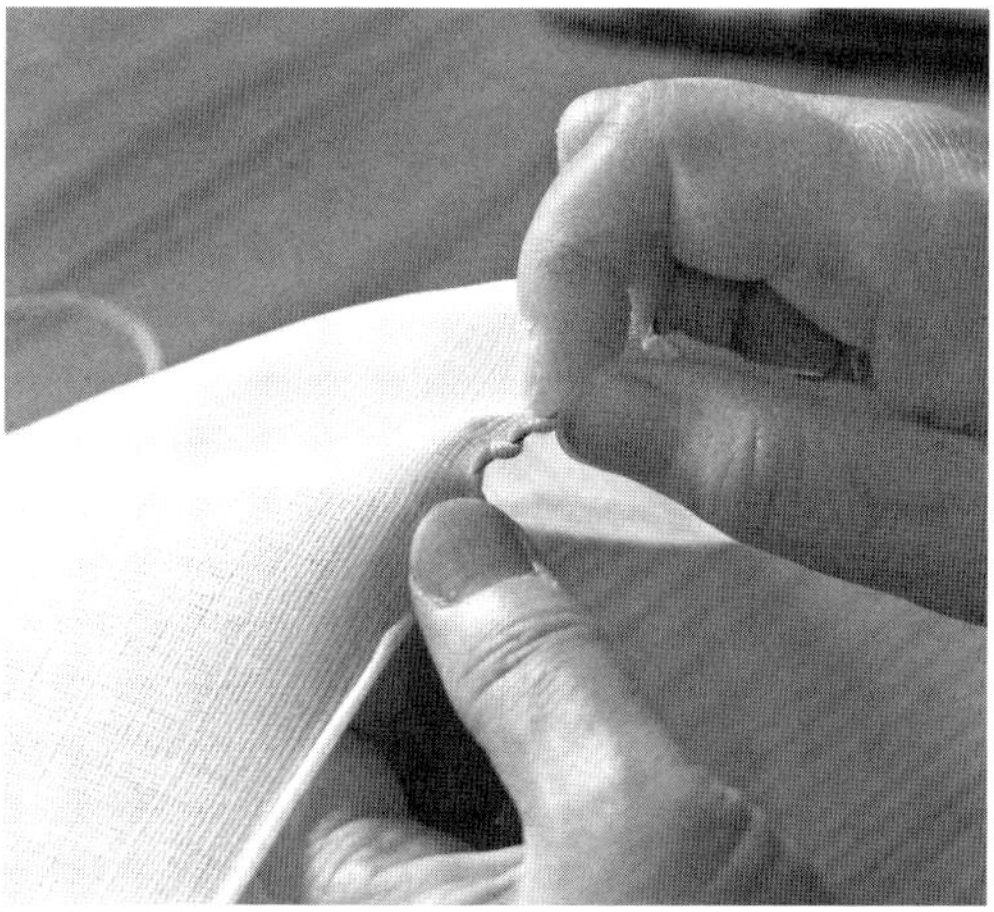

茶巾の仕立ての様子(協力:岡井麻布商店)
晒の裁切部分を巻いて縫いしろを作り、木綿糸で巻き縫いする

悪し」ともあり、柔らかすぎて茶巾には向かないとする見方もあったらしい。

おそらくそれは、当時の奈良晒が撚《よ》りを掛けない平糸で織られた平布晒だったためだろう。しかし、本来の奈良晒は経《たて》糸に吸水性のよい撚り糸を、緯《よこ》糸に撚りを掛けない強くて乾きの早い平糸を使うもので、「南都曝」の朱印が残る家康所用の白麻浴衣（徳川美術館蔵）はそうなっている（奈良県立民俗博物館『特別展 奈良晒』図録参照）。今の茶巾も正式なものはそうなっている。

そうした麻布が復活したのか、文化十三年（一八一六）刊の『茶道筌蹄《せんてい》』になると、「むかし近江上布を用ゆ、今は奈良晒を用ゆ」と書かれるようになった。

奈良晒の織り工程（協力：岡井麻布商店）
筬（おさ）通しをした経糸を織機にかけて織り進める［上］
作業途中の織機
杼に入れてある緯糸は経糸よりも太い［下］

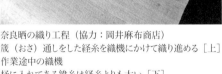

もっとも、一般的に奈良晒の評価が高かったのは、灰汁で煮ては日に晒す工程を何度もくり返す晒の技術の高さによるものだったが、現在は漂白剤が使われるようになり、しかもその方が白くなるため、天日晒は戦後になってほぼ途絶えてしまった。つまり、技術的優位性はもうなくなっているので、奈良晒の名はむしろ品質の高さを示すブランド名になっているといえそうだ。

高山茶筅

中国で十二世紀に発明された茶筅は、日本でも鎌倉時代から作られていたはずだが、その実態はわからない。金沢貞顕が茶筅をくれるよう地元の称名寺（横浜市金沢区）に頼んだ鎌倉時代末の書状が、茶筅についての早い史料になる。茶園を持って製茶し、茶臼を持って抹茶を飲用していた称名寺では、茶筅も作っていたのだろう。たしかに今の茶筅とは異なる、もっと単純なものなら自作が可能であった。たとえば、富山県のバタバタ茶や島根県のボテボテ茶などで使われる古風な茶筅は、地元で製作され続けてきたのである。

奈良で茶筅が作られていたことを示す早い史料が、室町時代後期の公家、三条西実《さね》隆《たか》の日記『実隆公記』明応五年（一四九六）閏二月二十三日条だろう。奈良を訪れていた実隆が、東大寺別当の公恵から土産の一つとして「茶セン一」を贈られ、それを「禁裏」へ進上したという記事である。後土御門《ごつちみかど》天皇の時代にあたる。

天文二十三年（一五五四）成立の『茶具備討集』では、茶筅産地として奈良と幡枝《はたえだ》（京都市左京区岩倉）の名を挙げ、尾張・加賀はすたれた、としている。ただし、これらの史料に出る「奈良」の茶筅が大和国添下郡《そえじも》**高山**（中世は鷹山）産のものだったかは疑問である。高山を奈良とよぶことはないはずだ。

現在一般に語られる高山茶筅の歴史は、寛永十三年（一六三六）に興福寺摩尼珠院の実範という僧が寺内の記録を抄出したという『茶実茶道茶筌伝記（権与伝記巻）』に基づいている。ただし、その文中には享保十五年（一七三〇）刊の『料理綱目調理抄』巻五に載る「茶祖伝之序」が利用され、栄西を茶の実の将来者とし（この説の流布は江戸時代中期以後）、『南方録』と同様に「宗陳・宗悟」を紹鷗の師としているので、江戸時代中期以後の成立であることは間違いない。

ともあれ、同書は、鷹山の豪族鷹山頼秀の弟で連歌師だった高山宗砌《そうぜい》が、珠光に頼まれて茶筅を発明したとする。珠光は喜んでそれを使い、珠光の茶室に行幸した後土御門天皇に奉献したところ、「高穂」の銘を賜った。そこで鷹山氏は高山と字を改め、その茶筅の製法を一子相伝とした。頼秀から五代目が高山右近で、秀吉の北野大茶湯の時に茶筅百本を奉納した、等々と書く。

冬季だけに行われる茶筅用の竹干し（生駒市高山町）

しかし、高山宗砌は高山とは無関係の、山名持豊（宗全）の家臣であり、享徳四年（一四五五）一月六日に但馬国（兵庫県北部）で没していて、珠光とは時代も合わない。また、高山右近も高山とはまったく無関係の人物である。それでも、茶筅の発明をその改良と書き換え、高山右近の部分を省いたものが、今も高山茶筌生産協同組合が発行するパンフレットに載せられる高山茶筅の歴史である。しかも、茶筅を改良して「完全な物」になったので高山では茶筌と書くという説明が付け加わっている。

そのようなわけで、残念ながら高山茶筅の歴史はわからない。貞享三年（一六八六）刊の井原西鶴『好色五人女』巻一に行商する「高山の茶筅師」が出るし、『京都御役所向大概覚書』に正徳六年（一七一六）改の「和州高山茶筌師」十三人の名と茶筅の価格が載るので、江戸時代前期には茶筅作りがはじまっていたのだろう。

現在、高山町には多くの竹を植えた**高山竹林園**がつくられ、その資料館では茶筅の種類や製作過程を知ることができる。

高山竹林園
■生駒市高山町3440
■0743-79-3344
■9時～17時　※茶筌制作実演コーナーは、第1・3日曜日（12・1月の第1日曜日は休み）10時～11時30分、13時～14時30分
■年末年始（12月27日～1月5日）休館
■近鉄富雄駅からバスで「上大北」下車、徒歩約5分
■Map：P7㉑

依水園と裏千家

玄々斎・又玅斎・圓能斎と奈良

依水園

玄々斎と奈良

江戸時代の奈良町は、二人の上町代《かみちょうだい》によって支配されていたが、寛永十九年（一六四二）以後、上町代の一方を世襲したのが高木又兵衛家であった。その三代である又兵衛方教《まさのり》の享保十二年（一七二七）の日記が残っていて、時おり茶会に招かれていたことがわかる（大宮守友『奈良奉行所記録』所収）。

まず正月九日は富野乗因の「若水之茶之湯」があった。初釜だろう。掛物が小堀遠州の書状、茶碗が絵高麗、茶入は竹中次《なかつぎ》、茶杓は乗因の「御祖父之作」。「利休若水の茶、かくの如くにこれ有る由」という料理が出された。同月二十四日の半田嘉吉の茶会では、掛物が源義経の書状、竹一重切花入は片桐石州作、茶碗は熊川《こもがい》、茶入は瀬戸、茶杓は千宗旦作だった。閏正月二十日は東大寺如法院の茶会で、掛物は遠州の一行書、茶杓は織田卜斎作（長政、戒重藩主）、花入は千宗佐（随流斎）の竹一重切であった。

ホンモノかどうか怪しいものもあるが、流儀にまったくこだわらない、自由な道具組をしているのが興味深い。流儀成立以前の道具組本来のあり方といえるが、奈良ではそれがずっと続いていたらしい。また、流儀に属さないということは、点前もいわば自己流であり、これも各人が創意工夫するという初期の茶の湯のすがたともいえる。

流儀の茶道がいつ頃奈良へ入ってきたのかわからないが、幕末の頃の高木又兵衛は裏千家十一代玄々斎の奈良における門人代表格になっていた。文久三年（一八六三）の高木又兵衛宛玄々斎書状の存在が知られている（『裏千家今日庵歴代第十一巻　玄々斎精中』45頁）。

たしかに、それよりかなり早い嘉永三年（一八五〇）八月には、すでに玄々斎は奈良へ稽古に来ていた。京都から長女誕生の知らせがあったので、奈良の鹿にちなんで猶鹿《ゆか》と名づけられたと、猶鹿本人が語っていたという（『今日庵月報』大正五年十一号）。この猶鹿が角倉《すみのくら》家から十二代又妙斎《ゆうみょうさい》を婿養子に迎え、十三代の圓能斎を生んだのだった。

又妙斎と依水園

奈良市水門町にある**依水園**《いすいえん》は、延宝・天和年間（一六七三～八四）に奈良晒の蔵方だった清須《きよす》美道清《みどうせい》によって造られた山荘、三秀亭に起源をもつ。明治中期になって、市内下御門町に住み、家業の呉服卸以外にも手を広げて成功していた実業家の関藤《せきとう》次郎《じろう》（一八六四～一九三二）が入手し、依水園と命名した。春日花山を水源として園内を流れる吉城《よしき》川にちなむ命名で、その水は奈良晒の工程でも使われたものだった。

依水園の後園。東大寺南大門と若草山を借景とする

明治三十二年（一八九九）に、藤次郎は三秀亭庭園の東側に、春日連山と東大寺南大門を借景とする雄大な池泉回遊式庭園を後園として増設した。明治期を代表する庭園として国指定名勝となっているものだが、その造営には又妙斎が関わっていた。

家元を圓能斎に譲り、各地を回って裏千家の茶を広めていた又妙斎は、その頃藤次郎の招きで奈良に住んでいた。西大寺大茶盛の点前を創案したのもこの時期のことだろう。又妙斎の指導によって、京都堀川の庭師林源兵衛が築造したのがこの庭園であった。

伝統的な茶の露地とはまったく異質の空間とはいえ、京都で小川治兵衛（七代植治）が山県有朋の無鄰菴《むりんあん》を造園したのとほぼ同時期である。又妙斎もまた新しい時代の庭園に挑戦したのだろう。あるいは大規模な土木工事を得意とした角倉家の血が騒いだのかもしれない。そして、それを見事に成功させた。

黄瀬戸水指「若草山」

一方、藤次郎は又妙斎から熱心に裏千家の茶を学んでいた。又妙斎が堺へ移ったあとは、玄々斎の高弟である前田瑞雪《ずいせつ》が、さらにその後は圓能斎が稽古に出向き、次第に増えた弟子たちを指導した。藤次郎は圓能斎から茶名宗無と、瑞能斎の号を贈られている。

大正六年（一九一七）三月十二日、圓能斎・淡々斎（十四代無限斎）の両夫妻は、春日社参の帰途、依水園に立ち寄った。前月二十日に淡々斎が結婚し、それを機に玄句斎から淡々斎へ名を改めていたが、その報告の社参を兼ねた観光だった。東大寺の修二会も見物したのだろう。この時、圓能斎は藤次郎への土産として、好みで作らせた黄瀬戸水指の一つに「若草山」という銘をつけて贈っている。黄瀬戸の明るい色に緑の丹礬《たんぱん》が景色となり、ぴったりの銘であった。

黄瀬戸水指　銘「若草山」［右］
圓能斎の箱書［左］

藤次郎は十一月十五日から三日間、園内に又妙斎が建てた又隠《ゆういん》写しの清秀庵で、その水指披露の茶事を行った。初日には圓能斎、西象庵（圓能斎義弟）ら、二日目には淡々斎、伊藤宗幾（嘉代子夫人養母）、金澤宗為ら、三日目には広瀬拙斎（圓能斎弟）、初代鈴木宗康ら裏千家の茶人ばかりが招かれ、水屋では業躰の鈴木宗保が手伝っていた。金澤宗為が『今日庵月報』にその様子をくわしく書き残している。

さて、奈良の各地、各時代に茶の歴史を訪ねて、近代の依水園までやってきた。この庭園ができてからも百年以上が経ち、さらに時は移り人も代わった。依水園の所有者も変わっている。

しかし、ヤマトタケルが「倭《やまと》は国のまほろば　たたなづく青垣　山隠《やまごも》れる倭しうるわし」と歌った昔から、奈良を囲む山々は変わることなく、それぞれの世を旅し、さまざまな形で茶に関わってきた人びとを、やさしく見守り続けてきたのである。

依水園
■奈良市水門町74
■0742-25-0781
■9時半〜16時半
■火曜（4・5月、10・11月は無休）、年末年始休園
■入園料：900円（寧楽美術館入館料込）
■近鉄奈良駅から東へ徒歩約15分　■Map：P6⑬

あとがき

本書は、平城遷都一三〇〇年祭の行われた二〇一〇年に、一年間『淡交』誌に連載した「南都茶の湯逍遙」を増補し、再構成したものである。

奈良は古代史の舞台であり、仏教美術の宝庫であって、その魅力はよく知られているだろう。もう四十年も前になるが、学生時代から私が足繁く奈良へ通い、会津八一にちなむ日吉舘に泊まっては各地を歩き回ったのも、それを訪ねてのことだった。しかし、のちに茶道史の研究をはじめてみると、奈良の歴史が実は茶の文化史とも深く関わっていることに気がついた。それを紹介した本書は、奈良を茶道史の立場からみた、一つの「奈良学」の試みともいえるだろう。

末筆ながら、日吉舘女主人の故田村キヨノさん、奈良の中世史・茶道史の碩学だった故永島福太郎先生、奈良学の提唱者で天平茶論会長だった故青山茂先生をはじめ、奈良で知り合い、お世話になった多くの方々に、そして連載時の担当だった淡交社の磯田渉氏と単行本担当の井上尚徳氏に、心からの御礼を申し上げたい。

二〇一四年十一月二十一日

神津朝夫

年表　奈良と茶

※本文に記事のない事項を含みます

710　元明天皇、平城京遷都
729　長屋王の変。長屋王は自害
736『続日本紀』に「果子」タチバナ初出
752　東大寺大仏開眼供養。修二会はじまる
753　阿倍仲麻呂、唐で「天の原ふりさけ見れば」の和歌を詠む
　　　鑑真来日
768　春日大社創建
784　桓武天皇、長岡京遷都
794　桓武天皇、平安京遷都。奈良時代終わる
850　三勅祭の一つ、春日祭はじまる
970　興福寺に一乗院創建
1136　春日若宮祭礼(おん祭)はじまる
1180　平重衡、南都焼討。東大寺大仏・興福寺など焼失
1181　重源、東大寺大勧進に就任
1191　栄西、宋より帰国、臨済禅を伝える
1192　源頼朝、征夷大将軍になる
1195　東大寺大仏再建。開眼供養に後鳥羽上皇・源頼朝参列。
1206　重源没。栄西、東大寺大勧進を継ぐ
　　　鐘楼を再建
1239　叡尊、西大寺で大茶盛を始めたとの伝承
1309　春日権現験記絵完成する。台天目が描かれる
1316　西大寺絵図に「茶園」の記載
1333　鎌倉幕府滅亡
1336　後醍醐天皇、吉野に移り、南北朝が分立
1352　この年以前に興福寺で四種十服茶が行われる
1391　足利義満、南都参詣
1392　南北朝合一
1429　足利義教、南都参詣。蘭奢待を切る
1465　足利義政、南都参詣。蘭奢待を切る
1468　応仁の乱を避けて、一条兼良ら奈良へ下向
1478　古市澄胤、衆徒の棟梁となる
1485　猿沢池畔に茶屋が存在した(大乗院寺社雑事記)
1502　茶祖とされる珠光没
1508　古市澄胤戦死
1533『松屋会記』の記事はじまる
1560　松永久秀、多聞城を築く
1567　兵火により東大寺大仏殿焼失
1573　室町幕府滅亡
1574　織田信長、南都参詣。蘭奢待を切る
1575　今井町、織田方の明智光秀・筒井順慶軍に降伏
1577　信貴山城陥落し、松永久秀自害
1580　筒井順慶、郡山城を築いて移る

1582　本能寺の変
1585　羽柴秀長、郡山城に入る。茶堂に山上宗二
秀長の重臣小堀新介の子、のちの遠州も大和
郡山に住む
1591　千利休、切腹する
1594　豊臣秀吉、吉野山で花見
1598　豊臣秀吉没
1599　古田織部・小堀遠州ら、吉野山で花見
1602　奈良代官所移転にともない、称名寺が現在地
へ移転
1603　徳川家康、征夷大将軍になる。江戸幕府開く
1615　大坂夏の陣で豊臣氏滅亡。古田織部切腹
1619　松平忠明、郡山藩主になる
1627　片桐石州(貞昌)、小泉藩主になる
1629　松平忠明、薄茶の時にもう一度菓子を出す
1636　柳生宗矩、大名に列せられる
1639　『長闇堂記』成立。久保権大輔は翌年6月死去
1647　小堀遠州没
1649　田原本の平野長勝、利休茶杓「ゆがみ」を使う
1650　『松屋会記』終わる
1663　片桐石州、小泉に慈光院を創建
1665　石州、四代将軍家綱に点前を披露し、将軍茶
道師範となる
1673　片桐石州没
1709　東大寺大仏殿再建(現在のもの)
1724　喜左衛門井戸、郡山藩主の本多氏から堺の中
村宗雪に渡る
1748　古梅園の松井元泰、紅花墨(お花墨)を完成
1838　中山みき、天理教を開教
1850　裏千家十一代の玄々斎、奈良で稽古中に長女
誕生の知らせを聞く
1868　明治維新。奈良県設置
1871　赤膚焼の名工、奥田木白没
1884　フェノロサ・岡倉天心ら、法隆寺で救世観音
を発見
1895　帝国奈良博物館(現奈良国立博物館)開館
1898　奈良市成立
1899　裏千家十二代の又妙斎、依水園の後園造営に
関わる
1917　裏千家十三代の圓能斎、同十四代の無限斎、
依水園を訪れる
関藤次郎、拝領水指披露の茶事
1940　皇紀二六〇〇年。橿原神宮で三千家合同の献
茶式。同日、京都で淡交会発足
1945　第二次世界大戦終わる
1946　第1回正倉院展
1949　法隆寺金堂壁画焼損
1972　明日香村の高松塚古墳で壁画発見
1988　奈良そごう建設工事中に、木簡5万点を発掘。
長屋王邸跡と判明
2010　奈良遷都1300年祭行われる
2014　第1回珠光茶会開催

〈著者略歴〉

神津朝夫［こうず・あさお］

一九五三年、東京生まれ。著述家。早稲田大学大学院・帝塚山大学大学院修了。博士（学術）。日本文化史・茶道史を専攻。著書に『千利休の「わび」とはなにか』（角川ソフィア文庫）『茶の湯の歴史』（角川選書）、『長闇堂記・茶道四祖伝書（抄）』、『茶の湯と日本文化』（いずれも淡交社）など。

〈写真撮影〉五十音順

飛鳥園（29頁）
植野仁通（87頁）
桑原英文（2、3右、19～23、27、30、32、35、36、38、39、41、43、53、55、57、62、63、66、67、74、75、79、81、88、89、94頁）
神津朝夫（11、15上、49、58、61、64左、77、96、102、106頁）
鹿谷　勲（25頁）
竹前　朗（107頁）
東大寺（26頁）
藤井金治（82頁）
山田雅信（99～100頁）
若林梅香（64頁）

〈写真協力〉五十音順

永青文庫・大河内定夫・大山崎歴史資料館・岡井麻布商店・奥村彪生・官休庵・堺市博物館・タチバナデザイン・辻井由紀子・奈良国立博物館・奈良文化財研究所・根津美術館・友明堂

奈良を愉しむ

奈良 大和路 茶の湯逍遥《しょうよう》

平成二十七年二月六日　初版発行

著　者　神津朝夫
発行者　納屋嘉人
発行所　株式会社　淡交社
本社　〒六〇三－八五八八　京都市北区堀川通鞍馬口上ル
営業（〇七五）四三二－五一五一
編集（〇七五）四三二－五一六一
支社　〒一六二－〇〇六一　東京都新宿区市谷柳町三九－一
営業（〇三）五二六九－七九四一
編集（〇三）五二六九－一六九一
http://www.tankosha.co.jp

装訂　株式会社ザイン（大西和重・大西未生）
地図作成　株式会社ひでみ企画
印刷製本　図書印刷株式会社

ISBN978-4-473-03984-2